SELMA LAGERLÖF

Es war die schönste Zeit für uns

Winter- & Weihnachtsgeschichten

Mit Bildern von Carl Larsson

Selma Lagerlöf

Es war die schönste Zeit für uns

Winter- & Weihnachtsgeschichten

MIT BILDERN VON CARL LARSSON

benno

Bibliografische Information der Deutschen Nationalbibliothek
Die Deutsche Nationalbibliothek verzeichnet diese Publikation in der
Deutschen Nationalbibliografie; detaillierte bibliografische Daten
sind im Internet unter http://dnb.d-nb.de abrufbar.

**Besuchen Sie uns im Internet:
www.st-benno.de**

Gern informieren wir Sie unverbindlich und aktuell auch in unserem
Newsletter zum Verlagsprogramm, zu Neuerscheinungen und Aktionen. Einfach anmelden unter www.st-benno.de.

ISBN 978-3-7462-5952-9

© St. Benno Verlag GmbH, Leipzig
Umschlaggestaltung: Ulrike Vetter, Leipzig
Covermotiv, S. 38: Kerstis Schlittenfahrt, 1901 © akg-images;
© stock.adobe.com/KURIBOU (Rahmen)
Zusammenstellung: Volker Bauch, Gößnitz
Gesamtherstellung: Kontext, Dresden (A)

Inhalt

1. Winteridyll in guter Erinnerung   **6**
Die Geldkassette   9
Wachenfeldt   19
Bellman-Lieder   37

2. Das Weihnachtsfest mit Freuden   **46**
Der Weihnachtsmorgen   49
Ein Weihnachtsgast   58

3. Ein guter Weg ins neue Jahr   **72**
Der Pfarrer von Svartsjö   75
Der Svartsjö   82

1. Winteridyll
in guter Erinnerung

Die Geldkassette

Klein-Bengt war jedenfalls hochbefriedigt von der Rede, die ihm gehalten worden war. Das Wort, er sei ein guter und getreuer Knecht gewesen, die Medaille, die Anwesenheit des Propstes in der Gesindestube und alle die Ehrenbeweise hatten die Kraft gehabt, das Gliederweh und den Hexenschuss zu vertreiben. Nachmittags saß der Alte aufrecht im Bett und erzählte allen, die es hören wollten, immer wieder die große Begebenheit, wie er dem Regimentsschreiber die Geldkasse gerettet hatte.

Zur Winterszeit war er einmal mit dem Regimentsschreiber auf einer Reise gewesen, um Gelder einzukassieren. Sie hatten schon alle östlichen Bezirke besucht und wollten nun zu den westlichen übergehen. Aber ehe der Regimentsschreiber damit begann, wollte er einen Tag nach Hause fahren, weil er sich nach Weib und Kind sehnte.

Das sagte er aber Klein-Bengt nicht. Er schützte vor, das Pferd bedürfe einiger Ruhetage und der Mundvorrat notwendig der Auffüllung. Außerdem sei die Kasse auch übervoll, und so wolle er sie erst leeren und die Gelder nach Karlstadt schicken, anstatt damit weiter im Lande umherzufahren.

Aber an dem Tage, an dem er die Richtung nach der Heimat einschlug, brach ein entsetzliches Schneegestöber aus. Die Wege waren schon nach

Kurzem so hoch mit Schnee bedeckt, dass man nur im Schritt fahren konnte. Es dämmerte schon, als sie bei Ölsäter über den Klarelf fuhren, und als der Regimentsschreiber gleich darauf am Herrenhof von Nordsjö vorbeifuhr, meinte er, es wäre am Ende doch besser, wenn sie den kleinen Umweg machten und dort um eine Nachtherberge bäten. Aber wie gesagt, er sehnte sich heim, und es waren nur noch zwei Meilen bis Mårbacka, und so kam er denn mit Klein-Bengt überein, dass es doch das Beste wäre, im eigenen Bett zu schlafen, wenn sie deshalb auch noch bis zehn oder elf Uhr unterwegs sein müssten.

Als sie in den dichten Wald zwischen Nordsjö und Sandviken einfuhren, waren die Wege schon grundlos, und der Schlitten ging so schwer, dass dem Braunen die Kräfte versagten. Er blieb nach jedem Schritt stehen, und weder Schläge noch gute Worte brachten ihn vorwärts.

„Das ist eine ärgerliche Sache, Bengt", sagte der Regimentsschreiber. „Aber sag' mal, gibt es denn nicht eine kleine Kate hier in der Nähe?"

„Jawohl, Herr Regimentsschreiber. Nicht weit von hier ist eine Hütte. Aber da können wir nicht hingehen."

„Ich kann mir denken, was du meinst, Bengt", erwiderte der Regimentsschreiber. „Die Kate ist gewiss ein Unterschlupf für Spitzbuben und Landstreicher, und ehrliche Leute hüten sich hineinzugehen. Aber nun haben wir drei Stunden von Nordsjö bis hierher gebraucht, und der Gaul ist halbtot vor Müdigkeit. Wir müssen ihn unter Dach bringen, damit er sich ausruhen kann."

„Ja, Herr Regimentsschreiber, tun Sie, was Sie wollen", sagte Klein-Bengt.

Als der Knecht auf diese Weise redete, wusste sein Herr, dass er seine guten Gründe hatte, nicht in die Kate zu gehen, und so beschloss er, noch einen Versuch zu machen, auf die Landstraße hinauszukommen.

Beide stiegen aus dem Schlitten und begannen einen Weg für das Pferd zu treten, das ihnen langsam nachfolgte. Es war eine harte Arbeit. Schon für Klein-Bengt war es schwer, und da der Regimentsschreiber hohe, bis über die Knie reichende Stiefel, Wolfspelz und Reisegurt trug, kam er völlig außer Atem.

„Nein, Bengt, es geht nicht", sagte er, als sie die Kate beinahe erreicht hatten. „Mir geht es wie dem Braunen. Du musst hineingehen und um Herberge bitten."

Klein-Bengt blieb nichts übrig, als zu gehorchen. Aber seiner Ansicht nach wären sie besser die ganze Nacht im Schlitten geblieben, als sich mit Krongeldern in solch eine Räuberhöhle hineinzuwagen. Es würde sicherlich ein Unglück geben, das ahnte er deutlich.

Er trat in die Hütte und fand Mann und Frau friedlich am Herde sitzen. Dass sie die Reisenden mit Freuden aufgenommen hätten, konnte man nicht behaupten. Sie machten tausend Einwendungen: Die Kammer sei ungeheizt, auch hätten sie weder Betten noch Betttücher für Herrenleute.

Schließlich mussten sie aber doch nachgeben. Das Weib trug Holz in die Kammer und heizte ein. Der Mann ergriff einen Spaten und half Klein-Bengt, den Schnee wegzuschaufeln, damit das Pferd den Schlitten bis ans Haus fahren konnte.

Als Klein-Bengt an den Schlitten trat, fand er den Regimentsschreiber vor Übermüdung eingeschlafen.

„Na, der wacht auch nicht allzu sehr über die Krongelder", sagte der Kätner grinsend.

„O, bis heute hat er die Krone noch nie auch nur um einen Schilling gebracht!", schnauzte Klein-Bengt zurück.

Wenn der Regimentsschreiber und Klein-Bengt irgendwo einkehrten, pflegte stets der Herr die Geldkasse ins Haus zu tragen, während Klein-Bengt den Koffer mit dem Mundvorrat nachtrug.

Als nun Klein-Bengt sah, wie müde sein Herr war, sagte er zu ihm, als er den Schlitten nach dem elenden Schuppen gefahren hatte, in dem das Pferd untergebracht werden sollte: „Gehen Sie zu Bett, Herr! Ich komme mit den beiden Koffern nach."

„Ach nein, du brauchst nur den einen zu bringen", sagte der Regimentsschreiber. Er dachte dabei nur an den Geldkasten, denn der Mundvorrat war ja zu Ende. Aber das verstand Klein-Bengt nicht.

Er spannte das Pferd aus und führte es in den Schuppen. Als er von dort zurückkam, war sein Herr ins Haus gegangen, und auch der Kätner war

verschwunden. Die Kasse stand nicht mehr im Schlitten, aber das war ganz in der Ordnung.
Als Klein-Bengt eintrat, saß der Regimentsschreiber in einer armseligen Kammer am Fenster. Er hörte den Knecht einen Kasten neben die Tür stellen, war aber zu müde, den Kopf zu drehen.
„Schließ die Tür, Bengt, und zieh den Schlüssel ab!", sagte er.
„Das hatte auch keinen Wert, die Speisekiste mit hereinzunehmen", sagte Klein-Bengt. „Sie ist ja leer."
„Ja, das dacht' ich auch", versetzte sein Herr, „aber ich glaube, wir werden heut Nacht auch ohne Abendbrot schlafen."
Damit streckte er sich auf einer Holzbank aus in Stiefeln und Pelz, wie er war. Er schob sich nur ein paar Holzscheite unter den Kopf und schlief sofort ein.
Länger als bis vier oder fünf Uhr pflegte er indes nie zu schlafen, aber jetzt wachte er ausgeschlafen und ausgeruht schon um zwei Uhr auf.
„Auf, Bengt", rief er. „Nun wollen wir in Gottes Namen weiter, dass wir zum Frühstück in Mårbacka sind."
Klein-Bengt sprang sofort auf. Licht hatten sie keines, aber die Winternacht war nicht ganz finster. Sie sahen genug, um sich aus der Kammer zu tasten.
„Nimm du den Koffer, Bengt, und spann an!", sagte der Regimentsschreiber. „Ich will noch in die Stube gehen und das Nachtlager bezahlen."

Kurz darauf war alles bereit, und sie fuhren ab. Das Schneetreiben hatte aufgehört, und obwohl kein Weg gebahnt war, ging es doch verhältnismäßig rasch voran.

„Es war doch ganz schlau, dass wir dort übernachtet haben", sagte der Regimentsschreiber.

„Es ging besser, als ich dachte", erwiderte Klein-Bengt. „Aber ich habe solch böse Träume gehabt und habe sehr viel Radau gehört. Es kam mir vor, als klopfte und hämmerte man drin bei den Kätnerleuten. Und ich weiß zur Stunde noch nicht, ob sie wirklich auf waren und arbeiteten oder ob ich geträumt habe."

„Du hast gewiss geträumt, sie hätten meine Kasse gestohlen", sagte der Herr.

„Ja, aber wo haben Sie denn Ihre Kasse, Herr?", rief der Knecht, indem er unter dem Fußsack nachsah.

„Die Kasse?", fragte der Regimentsschreiber. „Die hast du doch hinausgetragen."

„Ich? Ich hab' doch nur den Speisekoffer getragen."

„Aber ich sagte dir doch gestern, du solltest nur die Kasse hereinbringen, und das andre draußen lassen."

Das war wohl der schlimmste Augenblick seines ganzen Lebens, als der Regimentsschreiber Lagerlöf entdeckte, dass die Geldkasse durch ein Missverständnis nicht aus dem Schlitten genommen und in die Hütte gebracht worden war. O, der Kätner hatte sie gestohlen, das war klar! Aber was hatte er damit gemacht? War es ihm gelungen, sie zu öffnen? Es war zwar eine richtige Staatskasse mit Kunstschloss und starken Beschlägen, aber die Möglichkeit, sie aufzubrechen, war doch nicht ausgeschlossen.

Sie ließen das Pferd auf dem Wege stehen und eilten in die Hütte zurück.

Der Mann, das Weib und noch vier weitere Personen saßen um den Herd, als die Reisenden hereinstürmten. Niemand zeigte die geringste Überraschung; aber Klein-Bengt sah mit einem Blick, dass die vier Neugekommenen die gefährlichsten Halunken der ganzen Gegend waren.

„Ich hab' es ja gesagt, dass es nicht möglich für Sie sei heimzukehren, ehe der Schneepflug durch den Schnee gegangen ist", sagte das Weib.

„Gewiss kann ich heimkommen", versetzte der Regimentsschreiber. „Aber meine Geldkasse ist hier im Hause stehen geblieben, und die muss ich auch mitnehmen."

„Aber das ist doch kaum möglich! Ist der Herr ohne seine Geldkasse weggefahren? Dann steht sie wohl auch noch in der Kammer. Es ist noch niemand drin gewesen, seit der Herr weggefahren ist."

„Die Kasse ist nicht vergessen worden", sagte der Regimentsschreiber streng. „Und nun heraus damit! Ihr wisst, wie es dem geht, der Krongelder stiehlt."

„Wo sollten wir denn einen so großen Kasten verbergen?", entgegnete das Weib. „Der Herr sieht ja, was hier in der Stube ist, und er kann auch das ganze Haus durchsuchen."

Das hatte Klein-Bengt inzwischen schon getan. Er hatte jeden Winkel durchstöbert und durchsucht, aber nichts gefunden.

„Wenn Ihr die Kasse nicht gutwillig herausgebt", sagte der Regimentsschreiber, „dann bleibt nichts andres übrig, als dass ich meinen Knecht hier Wache halten lasse. Keiner darf das Haus verlassen, bis ich mit dem Gendarmen zurückkomme."

„Soll der dort etwa hierbleiben und uns bewachen?", fragte das Weib, und es klang, als ob sie lachen wollte. Es war auch wirklich wenig Aussicht für Klein-Bengt, allein die sechs Menschen in der Stube zurückhalten zu können, während der Regimentsschreiber die Polizei holte.

Klein-Bengt hatte indes schon die ganze Zeit her über etwas nachgegrübelt. Er hörte, wie es im Backofen knisterte und brannte, aber er sah keinerlei Anzeichen, dass die Hausfrau etwas zum Backen hergerichtet hatte.

Ohne ein Wort zu sagen, schlich er sich hin und riss den Backofen auf.

„Kommen Sie, Herr, und sehen Sie, was für ein Brot in diesem Backofen gebacken wird!", rief er.

Ja, da drinnen im Backofen, mitten auf einer Schicht brennenden Holzes, stand die Geldkassette.

Der Mann und das Weib wollten sich auf Klein-Bengt stürzen, aber der Regimentsschreiber Lagerlöf war ein starker Mann. Er stieß das Diebespack zurück, und als die Landstreicher, die auch anfingen, sich zu regen, sahen, was für Püffe er austeilen konnte, verhielten sie sich ruhig.

Klein-Bengt fasste in den Ofen und zog den Kasten mit einem Griff auf den Herd heraus. Er konnte sich nicht einen Augenblick gedulden. Selbst auf die Gefahr hin, sich die Finger zu verbrennen, musste er wissen, welchen Schaden der Kasten gelitten hatte.

„Das seh' ich, geöffnet ist er nicht worden!", rief er.

Und so war es auch. Das gute Eichenholz hatte widerstanden. Die Diebe hatten die ganze Nacht daran gehämmert und gefeilt, aber weder dem Kunstschloss noch dem Eisenbeschlag etwas anhaben können. Als letzten Ausweg hatten sie den Kasten in den Backofen gestellt. Aber Klein-Bengt war ihnen zu schnell gewesen. Nur ein kleines Eckchen war angekohlt.

Wachenfeldt

Ein Silberglöckchen erklingt auf der Landstraße. Der Fahnenjunker Karl von Wachenfeldt kommt angefahren.

Der Fahnenjunker Karl von Wachenfeldt – war er es nicht, der vorzeiten für den schönsten Mann in Wermland, ja in ganz Schweden galt? War nicht er der Günstling der Stockholmer Damen gewesen, im Jahre 1820 den ganzen Winter hindurch, den er in Stockholm zubrachte, um irgendein Examen in der Landesvermessung zu machen? War er es nicht, der Schlittenfahrten arrangierte und Kotillone aufführte, so schneidig, dass er die Ballkavaliere der höchsten Gesellschaft ganz in den Schatten stellte? War er es nicht, der so entzückend Walzer tanzte und so bezaubernd plauderte, dass seine vornehmen Verwandten, die zuerst nichts von dem armen Wermländer Unteroffizier wissen wollten, ihm die untertänigsten Einladungsbriefe schrieben, weil die jungen Damen keine Freude an einem Ball hatten, wenn er nicht dabei war?

Und war er es denn nicht, der ein solch unglaubliches Glück im Spiele hatte, dass er sich damit die Mittel verschaffte, während seines ganzen Aufenthaltes in Stockholm so flott wie ein Gardeleutnant zu leben? War er es nicht, der mit Grafen und Baronen auf du und du stand und sie dabei alle an Eleganz und Ritterlichkeit überstrahlte? War er es

nicht, der eines Abends in einem Liebhabertheater bei Admiral Wachtmeister den ersten Liebhaber spielte und seine Couplets so feurig sang, dass er am andern Morgen zwanzig Liebesbriefe in seinem Briefkasten fand?

War er nicht der Erste, der durch die Straßen Stockholms mit einem Geschirr fuhr, das mit einer Unzahl von silbernen Glöckchen besetzt war? War er es nicht, der in ganz Stockholm so bekannt war, dass überall, wo man ihn erblickte, im Hofgarten sowohl wie am blauen Tor, im Opernsaal wie im dichtesten Straßengewimmel, hinter ihm her geflüstert wurde: „Seht, da kommt Wachenfeldt! Ach, ach, ach, seht, da kommt Wachenfeldt!"

War er es nicht, der nach dem einen wunderbaren Winter in Stockholm das gleiche Leben in Karlstadt führte, ja überhaupt überall, wo er auftauchte? War er es nicht, der mit Fahnenjunker Sellblad als Gefährten und dem Trommler Tyberg als Bedienten nach Göteborg reiste, sich da für einen finnländischen Baron ausgab, vierzehn Tage lang finnisch sprach und für die lebenslustigen Söhne der reichen Kaufherren eine Spielbank hielt? War er nicht der einzige Unteroffizier, der jemals mit der stolzen Gräfin Apertin tanzen durfte, und war er es nicht, der sich sterblich in die schöne Mamsell Widerström verliebte, als sie die Preziosa im Karlstädter Theater sang, sie dann entführte und mit ihr nach Norwegen geflohen wäre, hätte nicht unglücklicherweise in Arvika ihr Theaterdirektor ihn wieder eingefangen? Jawohl, und war er es schließlich nicht auch, der als eine Art von Adjutant zu Hauptmann Wästfelt auf Angersby in Sunne versetzt worden war und nun Leben in die Jugend Frykentals brachte? Wann hatte es je dort so glänzende Kirchweihbälle oder so rauschende Weihnachtsfeste gegeben oder so lustige Ausflüge zum Krebsessen oder so romantische Wanderungen zu schönen Aussichtspunkten? Sah denn nicht die schwärmerische Frau des Hauptmanns, auf Angersby, die nie etwas anderes tat, als auf dem Sofa liegen und Romane lesen, in ihm einen verkörperten Romanhelden, und war er nicht der Gegenstand des ersten Liebestraums ihrer jungen Töchter? Und wie ging es auf dem Nachbargute in Mårbacka, wo das Haus voll schöner Töchter war? Konnte man einem Kavalier widerstehen, der die Brennschere genauso kunstgerecht handhabte wie die Gitarre und dem ein aus Liebesabenteuern gewobener Glorienschein um das lockige blonde Haar strahlte?

Fahnenjunker von Wachenfeldt fährt bergauf und bergab, und sein einziges Silberglöckchen klingelt schwach, fast jämmerlich. In alten Zeiten, in den Tagen seines Glanzes, hatten die sechzig Silberglöckchen, die am Zaumzeug und an den Zügeln hingen, unbeschreiblich lustig und schneidig geklungen. Sie hatten sozusagen seine Triumphe eingeläutet, hatten verkündet, dass ein Sieger nahte. Aber jetzt verkündet das übrig gebliebene einzige Glöckchen nur noch, dass ein Mann angefahren kommt, dessen Glück und Glanz dahin sind.

Der Fahnenjunker fährt mit seinem alten Pferd Kalle, einem ganz merkwürdig kleinen Tier, nach dem sich alle, die ihm begegnen, umwenden, um ihm nachzusehen. Aber nach seinem Eigentümer, nein, nach ihm dreht auch nicht einer mehr den Kopf.

Wie er am Gasthof von Gunnarsby vorbeifährt, stehen ein paar junge Mädchen am Brunnen und winden Wasser herauf. Der Fahnenjunker grüßt sie mit der Peitsche und spendet ihnen nach alter Gewohnheit sein verführerisches Lächeln, aber sie streifen ihn nur mit gleichgültigen Blicken. Nein, sie lassen nicht vor Staunen den Brunneneimer fallen und sehen ihm nicht mit glühenden Wangen nach.

Fahnenjunker von Wachenfeldt versetzt dem Pferd einen Schlag mit der Peitsche. Er ist doch kein Dummkopf, sondern weiß genau, wie es steht: Sein Haar ist ergraut und sein Gesicht voller Falten, sein Schnurrbart ist dünn und struppig und sein eines Auge starr und grau vom Star, während das andre, schon operierte, durch eine stark vergrößernde Starbrille verunstaltet wird. Ja, er weiß es wohl, er ist alt und kein schöner Anblick mehr, aber er meint, man brauche deshalb doch nicht ganz zu vergessen, wie und was er einstens war.

Ach ja, er weiß, er besitzt keine andre Heimat mehr als ein paar Zimmer, die er in einem Bauernhause in der Gemeinde Kila gemietet hat. Ein Pferd, ein Wagen, ein Schlitten und ein paar Möbel sind sein ganzes Eigentum. Und er weiß noch mehr: Er hat keine andern Untergebenen als eine alte, treue, unausstehliche Magd, aber er meint, man sollte doch nicht vergessen, dass er einstens der Wachenfeldt gewesen ist, der in ganz Wermland berühmte Wachenfeldt!

Da sitzt er nun in seinem schäbigen Pelz und seiner noch schäbigeren Seehundsfellmütze! Er trägt dicke Handschuhe, um seine kranken Hände zu schützen; aber die Gichtknoten, die sich über seine Knöchel hinziehen, werden dennoch sichtbar. Dennoch aber ist er es, der so viele schöne Frauen in seinen Armen gehalten hat. Dieses Bewusstsein kann ihm niemand rauben. Wer in aller Welt hat ein Leben geführt wie er? Wer ist geliebt worden wie er?

Er beißt die Zähne zusammen und sagt sich, dass er nichts zu bereuen habe. Wenn er sein Leben noch einmal leben sollte, er würde es nicht anders führen. Alles, was Jugend, Schönheit und Kraft einem Manne bieten können, das hat er genossen. Abenteuer und Liebe im reichsten Maße.

Eine einzige Tat vielleicht, ja eine einzige, möchte Fahnenjunker von Wachenfeldt doch ungeschehen machen. Er hätte Anna Lagerlöf, die edelste aller Frauen, die er je gekannt hatte, nicht heiraten dürfen. Er hatte sie namenlos geliebt, aber er hätte sie niemals heiraten dürfen.

Passte denn das für einen Wachenfeldt, still zu sitzen und seinem Hauswesen klug und umsichtig vorzustehen, wenn er auf eine leichtere und lustigere Art Geld einheimsen konnte? Wenn auch seine Frau noch so anbetungswürdig war, sollte er sie darum für die allein anbetungswürdige halten? Konnte er seine Natur umgestalten, weil er verheiratet war? Hatte er sich denn nicht gerade durch sein Glück im Spiel und in der Liebe seine Berühmtheit erworben?

Ja, er bereute seine Ehe. Seine Frau passte nicht zu ihm, sie war in der Tat viel zu gut für ihn, das will er gerne zugeben. Sie wollte Fleiß, Ordnung, Ruhe und Behagen. Sie hatte sich abgearbeitet, um sich und ihm ein Heim zu schaffen gleich dem ihrer Eltern in Mårbacka.

Andre würden vielleicht sagen, er brauche weniger zu bereuen, dass er sich verheiratet hatte, als dass er seiner Frau fortwährende Enttäuschungen und Kummer nicht hatte ersparen können. Deshalb hatte ihn auch jede Art von Unglück getroffen, als Anna von Wachenfeldt sich nach einer siebzehnjährigen unglücklichen Ehe am Rande ihrer Kräfte zum Sterben niedergelegt hatte. Da hatten die Gläubiger keine Schonung mehr für ihn gehabt, sondern ihm die Heimat genommen. Er musste aufhören zu spielen, denn jetzt verlor er, sobald er nur eine Karte anrührte. Die Gicht kam, es kam der graue Star. Ehe er sechzig Jahre zählte, war sein Haar weiß, er war steif, hilflos, halbblind und bettelarm. O welch ein Glück wäre es nun für ihn gewesen, wenn er seine gute, liebevolle Frau noch gehabt hätte!

Durch ihren Tod war er auch von allem Verkehr ausgeschlossen worden. Niemand fragte danach, ob er lebte oder starb. Niemand lud ihn ein. Es sah aus, als ob alle Leute nur um seiner guten Frau willen Umgang mit ihm gepflogen hätten! Wenn er sich nun nach Scherzen und Lachen sehnte, wenn er gern einmal eine gut zubereitete Speise gegessen und sich gern mit gebildeten Menschen unterhalten hätte, so wusste er nicht, wohin er sich wenden oder wen er aufsuchen könnte.

Tatsächlich gibt es nur einen Ort auf der Welt, wohin er fahren kann, um wieder einmal einigermaßen das alte Leben zu kosten, und das ist jenes Mårbacka, von wo er einst seine Frau geholt hat. Er weiß wohl, was man dort denkt und sagt: Er habe seine Frau ins tiefste Unglück gestürzt, ja, er habe sie einfach zu Tode gequält; aber nichtsdestoweniger reist er zwei- oder dreimal im Jahre dorthin, zu den großen Festtagen, denn sonst könnte er sein Leben nicht mehr ertragen.

Das Silberglöckchen klingt schrill und klagend. Fahnenjunker von Wachenfeldt hat seinem Pferdchen einen kräftigen Peitschenhieb versetzt. Das Leben trägt viele bittere Früchte, mit denen man sich abfinden muss. Und da ist es nur in der Ordnung, dass das Pferd mit seinem Herrn leidet.

Wenn die Kinder von Mårbacka aus keinem Anzeichen sonst hätten schließen können, dass Weihnachten herannahe, so hätten sie es doch gemerkt, wenn Fahnenjunker von Wachenfeldt angefahren kam.

Daher waren sie auch so überaus vergnügt, wenn sein Wurstschlitten oben in der Allee auftauchte. Sie sprangen durchs ganze Haus und verkündeten die Neuigkeit, sie standen auf der Treppe, um den Ankömmling in Empfang zu nehmen und zu begrüßen, sie holten Brot für das Pferdchen, und sie trugen die dünne Reisetasche, die mit Blättern und Blumen in Kreuzstich verziert war, in das Zimmer, in dem der Fahnenjunker wohnen sollte.

Es war eigentlich sonderbar, dass die Kinder den Fahnenjunker von Wachenfeldt immer so fröhlich begrüßten. Er brachte ihnen keine Zuckersachen und keine Geschenke mit; aber sie müssen wohl gedacht haben, er gehöre eben mit zu Weihnachten, und das war schon Grund genug zur Freude. Jedenfalls war es gut, dass sie ihn freundlich begrüßten, denn die Erwachsenen machten nicht viel Aufhebens von ihm. Frau Lagerlöf und Mamsell Lovisa kamen zu seinem Empfang nicht einmal auf die Veranda heraus, und Leutnant Lagerlöf legte nur mit einem tiefen Seufzer die Wermlandszeitung weg und erhob sich aus dem Schaukelstuhl, um den Angekommenen zu begrüßen.

„So so, bist du wieder da, Wachenfeldt", sagte er, wenn er an der Treppe auftauchte. Dann stellte er einige Fragen über die Reise und den Zustand der Wege und führte hierauf den Schwager in das Kontor. Er machte eine Schublade in der Kommode leer und sah nach, ob im Kleiderschrank noch Platz sei. Dann zog er mit den Kindern ab und überließ seinen Gast sich selbst.

So oft der Fahnenjunker von Wachenfeldt nach Mårbacka kam, wurde in Leutnant Lagerlöfs Herz die Erinnerung an seine verstorbene Schwester wieder lebendig. Sie war die älteste gewesen, hatte ihn großziehen helfen und sich in jeder Weise seiner angenommen. Keine seiner Schwestern hatte er so lieb gehabt, auf keine war er so stolz gewesen. Und da musste sie sich in diesen Nichtsnutz von Wachenfeldt verlieben! Sie war schön und stattlich gewesen und ebenso gut und vortrefflich, wie sie schön war. Selbst immer fröhlichen Herzens, suchte sie auch allen, die um sie waren, das Leben leicht zu machen. Sie hatte bis zum Äußersten gekämpft, ihr Heimwesen zusammenzuhalten. Ihr Mann hatte nur verjubelt und verschwendet. Sie hatte auch ihre Lieben daheim in Mårbacka nie wissen lassen wollen, wie schlecht es ihr ging, damit man ihr nicht zu Hilfe gekommen wäre. Deshalb ging es auch so plötzlich zu Ende mit ihr, als sie kaum in den Vierzigern war.

Das war eine traurige, aufregende Geschichte, und der Leutnant konnte nicht gleich freundlich zu Wachenfeldt sein, solange das alles noch in ihm gärte. Er musste stets einen längeren Spaziergang machen, bis er die Bitterkeit etwas überwunden hatte.

Dasselbe empfanden auch Frau Lagerlöf und Mamsell Lovisa. Anna von Wachenfeldt war Frau Lagerlöf die liebste von allen ihren Schwägerinnen gewesen und sie hatte mit wirklicher Verehrung zu ihr aufgesehen. Keine von all den Verwandten hatte sie aber auch so freundlich in der Familie willkommen geheißen wie die verstorbene Schwägerin. Frau Lagerlöf konnte es dem Fahnenjunker von Wachenfeldt nie verzeihen, dass er dies geliebte Menschenkind so unglücklich gemacht hatte.

Mamsell Lovisa war als Kind oftmals in Välsäter zu Besuch gewesen, auf dem Hofe, wo ihre Schwester und ihr Schwager gewohnt hatten, und sie wusste besser als alle andern, welch schweres Leben ihre Schwester gehabt hatte. Sie konnte Wachenfeldts Namen nie nennen hören, ohne an einen Morgen denken zu müssen, an dem zwei Knechte nach Välsäter kamen und die beiden besten Kühe aus dem Stalle holten. Die Schwester war hinausgestürzt und hatte gefragt, was das heißen solle; aber die Knechte hatten ihr ganz ruhig geantwortet, der Fahnenjunker habe die beiden Kühe in der letzten Nacht an ihren Herrn verspielt. Mamsell Lovisa sah noch heute, wie verzweifelt ihre Schwester gewesen war.

„Er kommt nicht zur Vernunft, bis er mich unter den Boden gebracht hat", hatte sie gesagt.

Immerhin aber war Mamsell Lovisa die Erste, die sich an ihre Pflichten als Gastgeberin erinnerte. Sie stand von ihrem Nähtisch auf, an dem sie mit einer Stickerei gesessen hatte, was sie aber nicht hinderte, nebenher noch einen Blick in einen Roman zu werfen, der aufgeschlagen im Nähkorb lag, und öffnete die Küchentür ein wenig.

„Liebe Maja", sagte sie halb entschuldigend, „nun ist Wachenfeldt wiedergekommen."

„Ich begreife wirklich nicht, dass der Mensch, der seine Frau so schändlich behandelt hat, zu jedem Fest hierherkommen darf", sagte die Haushälterin sehr ärgerlich.

„Aber man kann ihn doch nicht hinauswerfen", entgegnete Mamsell Lovisa. „Und nun sei so gut, liebe Maja, und sorge für Kaffee; er muss doch nach der Reise etwas Warmes haben."

„Natürlich muss er auch gerade immer dann kommen, wenn die Herrschaften schon Kaffee getrunken haben und der Herd kalt ist!", brummte die Haushälterin und sah aus, als ob sie nicht gedächte, sich vom Fleck zu rühren.

Der Kaffee musste aber doch zustande gekommen sein, denn nach einem Weilchen wurde das Zimmermädchen zu Fahnenjunker von Wachenfeldt geschickt, um ihn zum Kaffee zu bitten.

Als der Fahnenjunker über den Hof ging, stützte er sich auf einen Stock, den er aber im Vorzimmer ablegte, und dann trat er mit ziemlich guter Haltung in den Salon. Mamsell Lovisa, die im Zimmer stand, um ihn zu begrüßen, sah jedenfalls, wie sauer ihm das Gehen wurde, sie fühlte, wie gichtgeschwollen seine Hände waren, als sie ihn begrüßte, und als sie zu ihm aufsah, starrte das operierte Auge sie unheimlich vergrößert an. Da verflog ein gut Teil ihres Grolls. Sie dachte, die Strafe habe ihn schon ereilt, und so wollte sie ihm nicht noch eine weitere Last aufbürden.

„Das ist ja schön, Wachenfeldt, dass du auch in dieser Weihnachtszeit zu uns kommen konntest", zwang sie sich zu sagen.

Dann schenkte sie ihm Kaffee ein, und er setzte sich an seinen gewohnten Platz in der Ecke zwischen dem Ofen und dem zusammengeklappten Spieltisch. Es war ein bescheidenes Plätzchen, aber es war das wärmste im ganzen Zimmer. Fahnenjunker von Wachenfeldt wusste, was er tat, als er sich dahin setzte.

Er fing auch sofort an, mit Mamsell Lovisa über seine Magd zu sprechen und erzählte von ihrem ewigen Schimpfen und Streiten mit den Bauersleuten, bei denen er sich eingemietet hatte. Er wusste, seiner Schwägerin behagte eine solche Unterhaltung über alltägliche Dinge, und es entging ihm auch keineswegs, dass sie sich nach einer Weile selber ein Tässchen Kaffee einschenkte und ihm beim Trinken Gesellschaft leistete.

Während sie noch zusammen beim Kaffee saßen, dämmerte es bereits, die Lampe wurde hereingebracht und auf den runden Tisch vor dem Sofa gestellt. Gleich darauf kam auch Frau Lagerlöf herein.

Sie hatte das erste Gefühl des Widerwillens noch nicht ganz überwunden, und ihre Begrüßung war auch danach: Sie gab dem Fahnenjunker nur eben die Hand, ohne ein Wort zu sagen. Dann setzte sie sich mit ihrer Arbeit nieder.

Der Fahnenjunker fuhr ganz ruhig im Gespräch mit Mamsell Lovisa fort, aber gleichzeitig änder-

te er den Gegenstand. Er berichtete von einigen sonderbaren Krankheitsfällen bei Menschen und Tieren auf dem Hofe, wo er wohnte, und deren Heilung ihm merkwürdigerweise geglückt sei.
Dem konnte Frau Lagerlöf nicht widerstehen, das war ihr Fall, und ehe sie es selber wusste, war auch sie in die Unterhaltung mit hineingezogen.
Zuletzt kam auch noch Leutnant Lagerlöf und setzte sich in seinen Schaukelstuhl. Er war auch verstimmt und wortkarg, als er eintrat. Aber nun glitt die Unterhaltung ganz unmerklich wieder in eine andre Bahn hinein. Man sprach von Karlstadt, wo der Fahnenjunker geboren und der Leutnant zur Schule gegangen war, und darüber unterhielt sich Leutnant Lagerlöf jederzeit gerne. Das Gespräch verstieg sich sogar bis Stockholm; man sprach über Emilie Högquist und über Jenny Lind und manches andre Schöne und Erinnerungswerte aus alten Zeiten. Schließlich kam man noch auf allerlei Geschichten aus Wermland, und der Abend verging so schnell, dass alle ganz erstaunt waren, als das Mädchen kam, um den Tisch zu decken.
Aber das Merkwürdigste war doch noch etwas anderes: Wenn der Fahnenjunker von Wachenfeldt von seinen eigenen Erlebnissen erzählte, dann stand er selber immer als der klügste und vorsichtigste Mensch da, den man sich nur denken konnte. Allerdings hatte er einige abenteuerliche Erlebnisse gehabt, das war nicht zu leugnen; aber er hatte immer die Rolle des ratgebenden

Freundes dabei gespielt und törichten Menschen aus der Patsche geholfen.

Wenn man zum Beispiel nur an Wästfelts auf Angersby dachte! Welche Stütze war er doch diesen liebenswürdigen, kindlichen Menschen gewesen, besonders damals, als die Braut des Sohnes diesen aufgab und einen andern heiratete!

Man konnte niemand mit größerer Verehrung von seiner Mutter und von seiner Frau reden hören. Einen solch edlen Sohn, einen so liebevollen Gatten hätte sich jedermann nur wünschen mögen!

Er war es auch gewesen, der den jungen Damen stets überaus vernünftig zugeredet, Braut und Bräutigam versöhnt und Ehen wieder befestigt hatte, die im Begriff gewesen waren auseinanderzugehen.

Alle Unglücklichen hatten ihn zum Vertrauensmann erwählt, und er hatte sie nicht im Stich gelassen. Ja, er hatte sogar Menschen gerettet, die der Spielwut verfallen waren, hatte ihnen die Meinung gesagt und sie an ihre Pflichten erinnert.

Nach dem Abendessen, als Fahnenjunker von Wachenfeldt in seine Kammer hinuntergehinkt war, saßen Leutnant Lagerlöf, seine Frau und seine Schwester stumm beieinander und schauten sich an.

„Ja, der Wachenfeldt", sagte der Leutnant, „das ist ein sonderbarer Kauz. Er ist klüger als wir alle zusammen."

„Es war immer nett, sich mit Wachenfeldt zu unterhalten", sagte Mamsell Lovisa.

„Wenn es wahr wäre, dass er allen andern solch eine Stütze gewesen ist, wie wäre es dann möglich, dass er für sich selber so schlecht gewirtschaftet hat?", warf Frau Lagerlöf trocken ein.
„Na ja, solche Leute gibt es nun mal!", sagte der Leutnant.

Von da an lebte der Fahnenjunker die ganzen Weihnachtstage hindurch auf Mårbacka „wie unser Herrgott in Frankreich", und immer behielt er die Rolle eines weisen und erfahrenen alten Mannes bei. Man konnte ihn über alles um Rat fragen, er wusste Mittel gegen Finnen und gegen Schnupfen, konnte Ratschläge geben in Toilettenangelegenheiten, über Kochrezepte und Anleitung zum Färben sowie über die Feldbestellung mitreden, er gab die besten und weisesten Urteile über Menschen ab.
Man pflegte sich in schwierigen Fragen an ihn zu wenden.
„Kommt es dir nicht sonderbar vor, Wachenfeldt, dass dies Kind nicht dazu gebracht werden kann, gedämpfte Möhren zu essen?", sagte eines Tages Mamsell Lovisa. „Möhren sind doch so gut."
Und Fahnenjunker von Wachenfeldt enttäuschte ihre Erwartungen nicht.
„Weckt mich mitten in der Nacht und bietet mir Möhren an, so werde ich sie essen!"
Es war geradezu unnatürlich, wie weise und mäßig und vernünftig er war. Von dem alten Kavalier Wachenfeldt, dem Triumphator mit den sechzig Silberglöckchen, war rein nichts mehr zu spüren.

Aber eines Tages begab es sich, dass Leutnant Lagerlöf mit seinen Damen in Streit geriet wegen eines jungen Mädchens aus der Umgegend. Frau Luise sowohl wie Mamsell Lovisa erklärten sie für reizend und süß, der Leutnant dagegen behauptete, es sei nichts Schönes an ihr zu finden. Und so rief er, wie es jetzt Brauch im Hause war, Wachenfeldt als Schiedsrichter auf.

„Sag mal, Wachenfeldt, du verstehst dich ja auf Frauenzimmer", sagte Leutnant Lagerlöf. „Möchtest du so einen kleinen Grasaffen küssen?"

Man konnte den Aufruhr wohl bemerken, der sich bei diesen Worten in Wachenfeldts Gemüt erhob. Er errötete, so alt er war, schlug mit der Faust auf den Tisch, stand halb vom Stuhle auf und donnerte los: „Mir eine solche Frage! Ich habe nie und nimmer ein hässliches Weib geküsst!"

Das gottlose Volk an seiner Seite brach in ein schallendes Gelächter aus. Nun hatte er sich die ganze Zeit über bemüht, ja recht weise zu sein, hatte den Alltagsmenschen spielen wollen, und diese einzige Frage hatte ihn entlarvt. Auf dem Grunde seines Herzens war der alte Kavalier eben noch immer lebendig. Elend und krank, alt und hinfällig war er, aber das sollte doch niemand glauben, niemand annehmen, dass er jemals ein hässliches Weib geküsst hätte.

Ach Wachenfeldt, Wachenfeldt!

Bellman-Lieder

Morgens um halb sieben Uhr zündete das Kindermädchen auf Mårbacka in der Kinderstube ein lustiges Feuer im Ofen an, und um sieben Uhr mussten die Kinder aus den Betten heraus und sich ankleiden.

Wenn sie dann ungefähr um halb acht Uhr fertig und die Betten in aller Eile gemacht waren, wurde aus der Küche ein Servierbrett hereingebracht, auf dem sich die Teller voll Morgensuppe mit Sahnerosen darauf und dazu große Butterbrote aus Hartbrot befanden. Das war die erste Mahlzeit des Tages.

Bis acht saßen die Kinder dann an einem großen schwarzen Tisch, der am Fenster stand, und gingen ihre Aufgaben durch. Sie blieben da noch immer im Kinderzimmer, das auch als Schulstube dienen musste, weil kein andrer Raum zu diesem Zweck zur Verfügung stand.

Sobald es acht Uhr schlug, klappten die Kinder ihre Bücher zu, die Überkleider wurden angezogen und es ging hinaus in den dämmerigen Wintermorgen. Wie das Wetter war, danach wurde gar nicht gefragt. Sie eilten nur hinaus, um nachzusehen, ob das Eis auf dem Teich zum Schlittschuhlaufen tauge oder ob das Schlittenfahren in der Allee nicht noch besser gehe. Wenn sich keine andre Zerstreuung darbot, gingen sie in den Stall

hinunter, um nach den Kaninchen zu sehen und mit dem Schäferhund herumzutollen.

Kurz vor neun Uhr gab es ein Frühstück, das aus Eiern oder Pfannkuchen oder aus gebackenen Heringen mit gedämpften Kartoffeln oder aus Blutpudding mit Speck oder Tunke bestand. Beim Frühstück setzte man sich nicht um den Tisch. Man ging hin, holte sich der Reihe nach sein Essen, ließ sich dann an kleinen Tischchen nieder und aß, was man auf dem Teller hatte.

Um neun Uhr musste das Frühstück beendet sein und dann begann der Unterricht. Dazu ging man wieder hinauf in die Kinderstube, und nun wurde an dem großen schwarzen Tisch gelesen, geschrieben und gerechnet bis mittags zwölf Uhr. Die kleinen Mädchen lernten nicht mehr bei Herrn Tyberg, sondern hatten nun eine Erzieherin, Ida Melanoz, die älteste Tochter des Schullehrers, die seinen guten Kopf und sein Lehrtalent geerbt hatte.

Um zwölf Uhr aß man zu Mittag an dem großen runden Tisch im „Saal". Eines der kleinen Mädchen sprach das Tischgebet vor dem Essen, ein anderes das zum Schluss der Mahlzeit. Wenn diese zu Ende war, küssten die Kinder Vater und Mutter die Hand und sagten gesegnete Mahlzeit. Bei Tische ging es nie schweigsam zu, denn Leutnant Lagerlöf ließ die Unterhaltung durchaus nicht ins Stocken geraten. Es war merkwürdig, wie er immer wieder einen neuen Gesprächsstoff fand. Und wenn er auch auf seinem Morgenspaziergang nichts anderes erlebt hatte als vielleicht eine Begegnung mit einem alten Weibe, so konnte er daraus doch eine ganz große Geschichte machen.

Von zwei bis drei Uhr sollten die Kinder wieder im Freien sein, aber oft kamen sie schon vor zwei Uhr atemlos dahergelaufen, um mit ihren Aufgaben fertig zu werden, ehe der Nachmittagsunterricht begann.

Von zwei bis vier Uhr saßen sie am Schultisch, und nach vier Uhr lernten sie gleich die Aufgaben für den nächsten Tag.

Aber länger als bis fünf Uhr durften sie mit dem Lernen nicht fortfahren. Im Saal war geheizt, und auf dem aufgeschlagenen Spieltisch waren Butter und Brot und Gläser zum Trinken hergerichtet. Diese Stunde war für die Kinder ein besonderes Vergnügen! Sie saßen oder lagen vor dem Ofen, in dem das Feuer knisterte und loderte, und aßen ihr Butterbrot. Dabei plauderten sie eifrig und heckten allerlei Pläne aus. Dies war eigentlich die einzige Zeit am Tage, die ihnen ganz allein gehörte.

Wenn die letzte Glut im Ofen erloschen war, wurde auf dem runden Tisch vor dem Sofa die Lampe angezündet. Jetzt war Frau Lagerlöf die, die Unterricht gab, und sie lehrte ihre kleinen Mädchen nähen und häkeln und Strümpfe stricken. Sie besaß auch eine Ausgabe von H. C. Andersens Märchen, und wenn die Kinder recht fleißig gewesen waren, dann erzählte oder las sie ihnen zur Belohnung das Märchen vom Reisekameraden oder vom Feuerzeug oder von den wilden Schwänen vor. In dem

Buche waren auch viele wunderschöne lustige Bilder, und das Betrachten dieser Bilder war für die Kinder ein fast ebenso großes Vergnügen wie das Zuhören.

Um acht Uhr gab es Abendbrot, und jetzt erst erschien auch Leutnant Lagerlöf. Bis dahin hatte er drunten im Kontor gesessen und in seinen großen Rechenbüchern geschrieben.

Und nun endlich durfte man sich nach diesem so sehr arbeitsreichen und streng eingeteilten Tage gehen lassen. Die Kinder durften ihre Arbeiten weglegen, der Leutnant ließ sich im Schaukelstuhl nieder und erzählte lustige Bubenstreiche wie die von Mamsell Broström, oder er schilderte die wunderbare Jenny Lind als Norma oder als Regimentstochter und Emilie Högquist als Jungfrau von Orleans.

Oder auch, wenn er selbst nicht zum Plaudern aufgelegt war, ließ er Frau Lagerlöf oder Mamsell Lovisa aus Tegner vorlesen. Viel lieber als Kaiser von Frankreich oder Zar von Russland wäre er dieser Professor in Lund gewesen, der die Liebe von Fritjof und Ingeborg besungen hatte. Er liebte und verehrte auch Runeberg und hatte es sehr gerne, wenn Fähnrich Stals Erzählungen oder dessen epische Gedichte vorgelesen wurden. Aber er hörte es nicht gerne, wenn jemand sagte, der finnische Skalde sei größer als Tegnér.

Bisweilen, und das war das Schönste von allem, setzte er sich auch an das alte Klavier und schlug einige Akkorde an.

„Kommt, Kinder, kommt!", rief er. „Jetzt singen wir Bellman!"

Da ließen sich die kleinen Mädchen nicht zweimal bitten. Sofort waren sie bei ihm, und dann kam mit Lust und Liebe der Dichter Bellman an die Reihe. Immer wurde mit dem alten „Noak" und „Joakim aus Babylon" angefangen. Dann kamen andre von seinen Liedern dran wie „Vater Moritz" und „Muter, på Truppen" sowie „Der Tanzmeister Mollberg und seine betrüblichen Erlebnisse in dem Rostocker Keller".

Leutnant Lagerlöf saß am Klavier, schlug kräftig die Tasten zur Begleitung und sang halblaut mit, um Takt und Melodie aufrechtzuerhalten. Und die kleinen Kinder stimmten aus vollem Halse mit ein. Sie sangen, dass es durch das ganze Haus schallte. Ja, da war Leben und Bewegung! Das war lustig nach dem arbeitsvollen Tage! Sie verstanden zwar nicht viel von dem, was sie sangen, aber die Melodien erwärmten und weckten ihre schlummernden Lebensgeister. Ach, wie schön es klang, wenn „Ulla tanzte in Engageanter Flor und Franser", oder wenn Fredman sang:

„Noch weiter als der Süd vom Nord
liegt mir der nächste Tag noch fort!"

Und hätten sie denn anders als lustig sein können, wenn der beständig unglückselige Mollberg in den Bottich hineinsprang, in dem die Stockfische der Schankwirtin in der Salzlake lagen, oder wenn die Festtorte bei der großen Bootfahrt dick mit Zucker und Zimt und Anjovis bestreut erschien?

Aber das Beste war doch wohl, dass die Kinder nach Herzenslust singen durften, solange sie wollten. Der Leutnant ließ sie gewähren, er unterbrach sie nie und tadelte auch nicht. Niemals unterbrach er sie, um sie daran zu erinnern, dass es so etwas wie Modulation und Zusammenklang gebe. Sie waren auch fest überzeugt, dass sie Bellman richtig sangen, geradeso wie er gesungen werden sollte.

An der Wand über dem Klavier hatte Leutnant Lagerlöf Karl Michael Bellman mit der Laute auf dem Schoße unmittelbar vor sich, und er sah immer wieder zu ihm auf, wie wenn er erwartete, der unvergleichliche Liedersänger müsse ihm ein beifälliges Lächeln zuteilwerden lassen.

Aber dann war einmal der Fahnenjunker von Wachenfeldt auf Besuch gekommen. Wie gewöhnlich hatte er sich's in der Ofenecke bequem gemacht, und er plauderte noch immer ganz gemütlich mit Mamsell Lovisa, während sich Leutnant Lagerlöf schon am Klavier niedergelassen hatte, mit seinen Kinderlein rings um sich her, die aus vollem Halse Bellman sangen und der festen Überzeugung waren, sie sängen richtig und gut.

„Ist es nicht merkwürdig, dass keines von den Kindern eine Singstimme hat?", flüsterte Mamsell Lovisa dem Fahnenjunker zu.

„Nun, dass sie keine Singstimme haben, dafür können sie nichts", antwortete er ebenso leise. „Aber wenn sie wenigstens Gehör hätten!"

„Es ist doch sonderbar, da beide Eltern musikalisch sind! Fällt Ihnen das nicht auch auf, Herr von

Wachenfeldt?", bemerkte Mamsell Lovisa seufzend. „Es ist mir unerklärlich, wie Gustav das aushalten kann."

„Er hört es gar nicht so, wie es in unsern Ohren klingt, denn er liebt seine Kinder über alles in der Welt", erwiderte der Fahnenjunker.

„Ja, es gibt eine Redewendung, ‚Mit den Augen der Liebe sehen', heißt sie", meinte Mamsell Lovisa. „Und so kann man vielleicht auch mit den Ohren der Liebe – hören."

„Das ist ganz gewiss", stimmte Herr von Wachenfeldt bei, und er wusste, was er damit sagte.

Aber leider hatte eine der kleinen Sängerinnen das Gespräch erhascht und sie erzählte den andern, was sie vernommen hatte; das trug wohl dazu bei, dass die Bellman-Gesänge allmählich auf Mårbacka verstummten.

Aber noch lange, lange, ja ihr ganzes Leben lang, ist den Kindern von Mårbacka die Liebe zu den Bellman-Liedern tief im Herzen lebendig geblieben. Sie lieben diese Lieder nicht nur wegen ihrer Fröhlichkeit, ihrer Wehmut und ihrer einschmeichelnden Schönheit und auch nicht um ihrer selbst willen, sondern weil der leiseste Ton der bellmanschen Laute in ihrer Erinnerung die nie versiegende Zärtlichkeit wachruft, die ihre Kindheit so glücklich gemacht hatte.

2. Das Weihnachtsfest
mit Freuden

Der Weihnachtsmorgen

Als das kleine Mädchen ein Jahr alt war, nahm sie Jan Andersson am Weihnachtsmorgen mit in die Kirche zur Christmette.

Seine Frau meinte freilich, das Kind sei doch noch recht klein, um schon in die Kirche mitgenommen zu werden, auch fürchtete sie, es könnte sich wieder so ungebärdig anstellen wie damals beim Impfen.

Aber Jan setzte seinen Willen durch, weil es ja nicht gegen die Sitte verstieß, wenn kleine Kinder mit zur Weihnachtsmette genommen wurden.

So machten sich die Leute von Skrolycka mit Klara Gulla am Weihnachtsmorgen schon früh um fünf Uhr auf den Weg. Es war bedeckter Himmel und so finster wie in einem Sack, aber die Luft war nicht kalt, sondern fast mild und dazu vollkommen still, so wie es dort in der Gegend Ende Dezember zu sein pflegt.

Gleich zu Anfang ging es einen engen Pfad zwischen den Äckern und Gehölzen in Askedalarna entlang. Dann mussten die Wanderer dem steilen verschneiten Weg über den Snipahügel folgen, und erst dann kamen sie auf ordentliche Wege.

Das große zweistöckige Wohnhaus auf Falla hatte in allen Fenstern brennende Kerzen; es winkte den Leuten von Skrolycka zu wie ein Leuchtturm, und so konnten sie sich bis zu Börjes Haus hindurchfinden. Dort trafen sie mit ein paar Nachbarn zusammen, die sich am Abend vorher Fackeln zurechtgemacht hatten, mit denen sie sich nun den Weg erhellten; an diese schlossen sich die Leute von Skrolycka an. Jeder Fackelträger ging an der Spitze einer kleinen Schar. Die meisten schwiegen, aber alle waren frohen Mutes. Sie kamen sich vor wie die Weisen aus dem Morgenlande, die beim Scheine des Wundersterns dahinwanderten, um den neugeborenen König der Juden zu suchen.

Als die ganze Schar die Waldhöhe erreicht hatte, musste sie an einem großen Steinblock vorbei, den einstmals ein Riese drunten in Frykerud an einem Weihnachtsmorgen nach der Svartsjöer Kirche geschleudert hatte, der aber zum guten Glück über den Kirchturm weggeflogen und hier auf dem Snipahügel liegen geblieben war.

Als die Kirchgänger sich jetzt dem Stein näherten, lag er wie gewöhnlich auf der Erde; aber alle wussten, dass er während der Nacht auf zwölf goldene Pfeiler aufgehoben worden war und dass der Troll daruntergesessen und getrunken und getanzt hatte.

Es war wirklich kein Vergnügen, am Weihnachtsmorgen an so einem Steinblock vorbeigehen zu müssen, und Jan sah eifrig zu Katrine hinüber, ob sie auch das Kind fest an sich gedrückt hielte. Katrine schritt sicher und ruhig fürbass ganz wie gewöhnlich und unterhielt sich halblaut mit einer Nachbarin. Sie schien gar nicht daran zu denken, was das für ein gefährlicher Platz war.

Hier auf der Höhe standen uralte wetterfeste Tannen. Wenn man diese so im Fackelschein mit den großen Schneeklumpen auf den Zweigen wahrnehmen konnte, drängte sich einem unwillkürlich der Gedanke auf, dass mehrere von ihnen, die man vorher für Bäume gehalten hatte, nichts anderes waren als Trolle mit stechenden Augen unter den weißen Schneemützen und mit langen scharfen Krallen, die aus den dicken Schneefäustlingen hervorstachen.

Das konnte man ja ertragen, solange sie sich ruhig verhielten, aber wie, wenn einer von ihnen den Arm ausstrecken und eines der Vorübergehenden an sich reißen würde? Für die Erwachsenen und alten Leute war es wohl nicht so gefährlich, aber eines hatte Jan doch immer gehört: Die Trolle hatten eine besondere Liebe für winzig kleine Menschenkinder, je kleiner, desto besser!

Es kam ihm vor, als halte Katrine die kleine Klara gar so sorglos. Ach, für die großen krallenbewaffneten Trollhände war es gar keine Kunst, ihr das Kind zu entreißen! Hier mitten auf dem gefährlichen Platz wagte es Jan indes nicht, Katrine das Kind aus den Armen zu nehmen. Gerade dadurch hätte sich das Trollpack am Ende zu rühren angefangen.

Schon fing es von dem einen Trollbaum zum andern an zu raunen und zu rauschen. Es knarrte droben in den Zweigen, wie wenn sie versuchen wollten, sich in Bewegung zu setzen.

Jan wagte die andern nicht zu fragen, ob sie das auch sähen und hörten, was er sah und hörte.

Denn das hätte ja gerade die Frage sein können, die das Trollpack zum Leben erweckte.

In dieser Erwartung wusste er nur eins, was er tun konnte. Er stimmte mitten im Walde ein Lied an.

Jan hatte eine schlechte Singstimme, und er hatte auch im Beisein anderer noch nie gesungen. Es fiel ihm sehr schwer, den Ton richtig zu treffen, und er wagte deshalb nicht einmal in der Kirche mitzusingen; aber jetzt musste er singen, mochte es gehen, wie es wollte.

Er sah, dass die Nachbarn sich über ihn wunderten. Die vor ihm gingen, stießen einander an und schauten sich nach ihm um; doch das durfte ihn nicht hindern, er musste weitermachen.

Gleich darauf flüsterte ihm indes eine der Frauen zu:

„Wartet ein wenig, Jan, ich werd Euch helfen!"

Und dann stimmte sie mit der richtigen Melodie und dem richtigen Ton in das Weihnachtslied ein. Es klang schön durch die Nacht zwischen den Bäumen. Die andern konnten nun auch nicht zurückbleiben, sondern stimmten ebenfalls mit ein.

„Gruß dir, du schöne Morgenstund, durch der Propheten heil'gen Mund ist sie verkündet worden!"

Da ging es wie ein ängstliches Sausen durch die Trollbäume. Sie zogen die Schneemützen so tief herein, dass man nichts mehr von ihren bösen Trollaugen sah, und ebenso zogen sie die ausgestreckten Krallen unter Tannennadeln und Schnee zurück. Als der erste Liedervers verklungen war, konnte niemand mehr sehen, dass da oben auf

der Waldhöhe etwas anderes vorhanden war als gewöhnliche, ungefährliche, alte Tannenbäume.
Die Fackeln, die den Leuten aus Askedalarna durch den Wald geleuchtet hatten, waren abgebrannt, als die Schar die Landstraße erreichte. Aber von da an ging es mithilfe der erleuchteten Bauernhäuser weiter. Wenn ein Haus aus dem Gesichtskreis entschwand, gleich schimmerte ein anderes in geringer Entfernung auf. Die Leute hatten in alle Fenster Lichter gestellt, um den armen Wanderern den rechten Weg nach der Kirche zu zeigen.
Schließlich erreichten die Leute einen Hügel, von dem man die Kirche sehen konnte. Da stand sie vor ihnen: Aus allen Fenstern strömte heller Lichterschein heraus, und sie sah aus wie eine riesengroße Laterne.
Als die Wanderer die Kirche sahen, blieben sie unwillkürlich stehen, der Anblick raubte ihnen den Atem. Nach allen den kleinen Häusern und niederen Fenstern, an denen sie vorbeigepilgert waren, kam ihnen die Kirche überwältigend groß und überirdisch hell vor.
Als Jan die Kirche erblickte, musste er unwillkürlich an ein paar arme Leute in Palästina denken, die die ganze Nacht unterwegs gewesen waren und ein kleines Kind bei sich hatten, ihren einzigen Trost und ihre einzige Freude. Sie kamen von Betlehem und wollten nach Jerusalem, weil das Kind im Tempel zu Jerusalem beschnitten werden sollte. Aber sie mussten sich in dunkler Nacht da-

hinschleichen, weil es so viele gab, die dem Kindlein nach dem Leben trachteten.

Die Leute von Askedalarna waren in aller Frühe von zu Hause weggegangen, um vor denen anzukommen, die nach der Kirche fuhren, aber in der Nähe der Kirche wurden sie doch von diesen eingeholt. Sie kamen mit schnaubenden Pferden und klingenden Schellen dahergefahren, jagten in sausendem Galopp dahin und zwangen die armen Fußgänger, sich auf den hohen Schneewall am Wegrand zu retten.

Jetzt hatte Jan das Kind auf dem Arm. Unaufhörlich musste er den Fuhrwerken ausweichen. Er kam auf dem finsteren Weg nur sehr schwer vorwärts; aber vor ihm lag ja der strahlende Tempel, und wenn sie nur dorthin gelangen konnten, dann waren sie sicher und geborgen.

Jetzt erhob sich hinter ihnen lautes Schellengeklingel und Pferdegetrappel. Ein großer Schlitten mit zwei Pferden davor kam dahergefahren. Drinnen saß ein junger vornehmer Herr in schwarzem Pelz und hoher Pelzmütze mit seiner jungen Frau an der Seite. Er führte selbst die Zügel, aber hinter ihm stand der Kutscher mit einer lohenden Fackel in der hocherhobenen Hand. Die Flamme flackerte im Luftzug weit zurück und ließ einen langen Schweif von Rauch und sprühenden Funken hinter sich.

Jan stand auf dem Schneewall am Wege mit dem Kind im Arm. Es sah sehr gefährlich aus; sein einer Fuß sank plötzlich tief in den Schnee hinein,

und er war am Umfallen. Da zog der kutschierende Herr heftig an den Zügeln und rief Jan, den er vom Wege verjagt hatte, an.
„Gib das Kind her, dann fahre ich es in meinem Schlitten mit nach der Kirche!", sagte er freundlich. „Wo so viele Fuhrwerke unterwegs sind, ist es gefährlich, wenn man ein kleines Kind zu tragen hat."
Doch Jan antwortete:
„Ich dank' schön, aber 's geht ganz gut."
„Wir werden die Kleine hier zwischen uns setzen, Jan", sagte die junge Frau.
„Ich dank' schön, aber es geht ganz gut."
„Ach so, du wagst das Kind nicht aus dem Arm zu lassen", sagte der Herr, und dann fuhr er lachend davon.
Die Wanderer zogen weiter; aber der Weg wurde immer gefährlicher und beschwerlicher. Schlitten folgte auf Schlitten. Im ganzen Kirchspiel gab es kein Pferd, das nicht am Weihnachtsmorgen unterwegs gewesen wäre, um Leute nach der Kirche zu fahren.
„Du hättest sie das Kind wohl mitnehmen lassen können", sagte Katrine. „Ich fürchte, du wirst doch noch mit ihm hinfallen."
„Hätt' ich ihnen das Kind überlassen sollen? Du weißt nicht, was du sagst. Hast du nicht gesehen, wer es war?"
„Was wäre denn für eine Gefahr dabei gewesen, wenn wir's mit den Hüttenbesitzern von Duvnäs hätten fahren lassen?"

Da hielt Jan Andersson von Skrolycka plötzlich an. „Ist das der Hüttenbesitzer auf Duvnäs mit seiner Frau gewesen?", fragte er, und es sah aus, als sei er eben aus einem Traum erwacht.

„Gewiss ist's die Herrschaft vom Hüttenwerk gewesen. Für wen hast du sie denn gehalten?"

Ja, wo war Jan mit seinen Gedanken gewesen? Was war das für ein Kind, das er die ganze Zeit über getragen hatte? Wohin stand ihm das Ziel seiner Reise? In welchem Lande war er jetzt eben gewandert?

Er strich sich mit der Hand über die Stirne und sah etwas verlegen aus, als er Katrine antwortete:

„Ich hab' geglaubt, es sei der König Herodes vom Lande Inda und Herodias, seine Frau."

Ein Weihnachtsgast

Einer von denjenigen, welche als Kavaliere auf Ekeby gelebt hatten, war der kleine Ruster, der Noten transponieren und Flöte spielen konnte. Er war aus niederem Stande und arm, ohne Heimat und ohne Angehörige. Es kamen schwere Zeiten für ihn, als die Kavalierschar sich zerstreute. Er hatte nun nicht länger Pferd und Wagen, weder Pelz noch Esskorb. Er musste zu Fuß von Hof zu Hof gehen und trug seine Habe in einem blau gewürfelten Baumwollenschnupftuche eingeknotet. Den Rock knüpfte er bis unter das Kinn zu, damit keiner sehen konnte, wie es mit Hemd und Weste bestellt war, und in seinen weiten Taschen verwahrte er seine kostbarsten Güter: die auseinandergeschrobene Flöte, die flache Taschenflasche und die Notenfeder.
Sein Beruf war das Notenabschreiben, und wenn alles noch so wie in alten Zeiten gewesen wäre, würde es ihm nicht an Arbeit gefehlt haben. Doch mit jedem Jahre, das dahinging, wurde droben in Värmland weniger Musik getrieben. Die Gitarre mit ihrem morschen Seidenbande und das gewundene Waldhorn mit verblichenen Quasten und Schnüren wurden in die Rumpelkammer auf den Boden gebracht, und der Staub legte sich zolldick auf die langen, eisenbeschlagenen Geigentasten. Doch je weniger der kleine Ruster mit der

Flöte zu tun hatte, desto mehr musste er sich mit der Taschenflasche beschäftigen, und schließlich wurde er der reine Säufer. Es war sehr schade um den kleinen Ruster. Einstweilen wurde er auf den Gütern noch als ein alter Freund aufgenommen, doch es herrschte Trauer, wenn er kam, und Freude, wenn er ging. Er roch nach Schnaps und Branntwein, und sowie er ein paar Appetitschnäpse oder ein Glas Grog getrunken hatte, bekam er einen Spitz und erzählte widerwärtige Geschichten. Er war die Plage der gastfreien Gutshöfe.

Einmal um Weihnachten ging er nach Löfdala, wo Liljekrona, der große Geigenspieler, wohnte. Liljekrona war auch einer der Ekebykavaliere gewesen, doch nach dem Tode der Majorin war er auf sein schönes Gut Löfdala gezogen und dort geblieben. Jetzt kam Ruster in den Tagen vor Heiligabend, mitten in der Räumerei, zu ihm und bat um Arbeit. Liljekrona beschäftigte ihn mit dem Abschreiben einiger Notenhefte.

„Du hättest ihn lieber gleich wieder gehen lassen sollen", sagte Liljekronas Gattin, „jetzt wird er die Arbeit wohl so langsam ausführen, dass wir ihn Heiligabend hierbehalten müssen."

„Irgendwo muss er ihn ja verleben", antwortete Liljekrona. Und er setzte Ruster Grog und Branntwein vor, leistete ihm beim Trinken Gesellschaft und lebte die ganze Elebyzeit wieder mit ihm durch. Doch er war verstimmt, und der Gast war ihm, wie allen anderen zuwider, wenn er es sich auch nicht merken lassen wollte, weil ihm alte Freundschaft und Gastfreiheit heilig waren.

In Liljekronas Heim aber rüstete man sich seit drei Wochen zum Empfang des Christkindes. Man hatte in Ungemütlichkeit und Hetzerei mit Arbeit gelebt, sich die Augen bei Talglichtern und Kienspänen rot gewacht, im Vorratshause beim Fleischeinsalzen und im Brauhause beim Bierbrauen gefroren. Doch sowohl die Hausfrau wie die Dienerschaft hatten alles dieses ohne Murren hingenommen. Wenn alle Arbeit fertig war und der Heilige Abend kam, würde sich ein süßer Zauber auf sie herabsenken. Das Weihnachtsfest würde die Wirkung haben, dass Scherz und Neckerei, Reime und lustige Reden ihnen ganz ohne Anstrengung auf die Zunge kämen. Jeder Fuß würde Lust verspüren, sich im Tanze zu drehen, und aus den dunklen Winkeln des Gedächtnisses würden die Worte und Melodien der Reigen hervorschlüpfen, obwohl man jetzt gar nicht glauben konnte, dass sie noch dort vorhanden seien. Und dann würden sie alle gut, ach so gut sein.

Doch wie nun Ruster kam, hatten sämtliche Hausgenossen in Löfdala das Gefühl, dass ihnen das Weihnachtsfest gestört werden würde. Die Hausfrau, die älteren Kinder und die langjährigen Diener waren alle gleicher Meinung. Ruster erregte in ihnen erstickende Angst. Sie fürchteten überdies, dass, wenn er und Liljekrona die alten Erinnerungen wieder zu durchleben anfingen, das Künstlerblut in dem großen Geiger aufwallen und sein

Heim ihn verlieren würde. Früher hatte er es ja nie lange daheim ausgehalten.

Niemand kann beschreiben, wie der Hausherr, seit sie ihn ein paar Jahre ganz hatten behalten dürfen, jetzt auf dem Gute geliebt wurde. Und was gab er ihnen auch! Wie viel wert war er den Seinen, vor allem im Weihnachtsfeste! Er hat seinen Platz nicht auf einem Sofa oder in einem Schaukelstuhl, sondern auf einer hohen, schmalen, glatt gescheuerten Holzbank in der Kaminecke. Wenn er dort saß, ritt er auf Abenteuer aus. Er fuhr rund um die Erde, stieg zu den Sternen empor und flog noch höher. Er spielte und erzählte abwechselnd, und alle Hausgenossen versammelten sich um ihn und hörten zu. Das ganze Leben wurde stolz und schön, wenn der Reichtum dieser einen Seele es bestrahlte.

Daher liebten sie ihn, wie sie das Weihnachtsfest, den Frohsinn und die Frühlingssonne liebten. Und als der kleine Ruster kam, war ihr Weihnachtsfrieden gestört. Wenn er den Hausherrn fortlockte, hatten sie vergeblich gearbeitet. Es war ungerecht, dass der Säufer in einem frommen Hause am Weihnachtstische sitzen und alle Weihnachtsfreude verderben durfte.

Am Vormittage des Heiligen Abends war der kleine Ruster mit dem Notenschreiben fertig und sagte nun einige Worte vom Fortgehen, obwohl er natürlich die Absicht hatte zu bleiben. Liljekrona war von der allgemeinen Verstimmung beeinflusst worden und sagte daher recht lau und gleichgültig, es sei wohl das Beste, dass Ruster das Weihnachtsfest über bleibe, da er ja einmal hier sei.

Der kleine Ruster war ein stolzer Hitzkopf. Er zwirbelte seinen Schnurrbart und warf das schwarze Künstlerhaar, das wie eine dunkle Wolke über seiner Stirn lag, zurück. Was Liljekrona damit sagen wollte? Solle er nur bleiben, weil er sonst nirgends hinkönne? Oh, bitte sehr, auf den großen Hammerwerken im Kirchspiele Bro werde er sehnsüchtig erwartet! Das Fremdenzimmer sei in Ordnung, der Bewillkommnungsbecher gefüllt. Er habe es sehr eilig. Er wisse nur nicht, zu wem er zuerst fahren solle.

„Du liebe Zeit", antwortete Liljekrona, „du kannst gern fahren."

Nach dem Mittagessen bat der kleine Ruster um Pferd und Schlitten, Pelz und Fußsack. Ein Knecht aus Löfdala sollte ihn nach irgendeinem Orte im Broer Kirchspiele fahren und das Pferd schnell antreiben, da es nach Schneegestöber aussah.

Niemand glaubte, dass er erwartet werde oder dass es in der Gegend auch nur ein einziges Haus gebe, in welchem er willkommen war. Doch sie wollten ihn so gern los sein, dass sie sich dies verhehlten und ihn fahren ließen. „Er hat es selbst gewollt", sagten sie. Und dann dachten sie, jetzt wollten sie fröhlich sein.

Doch als sie sich gegen fünf Uhr im Saale versammelten, um Tee zu trinken und um den Christbaum zu tanzen, war Liljekrona still und verstimmt. Er setzte sich nicht auf die Abenteuerbank, er rührte weder Tee noch Punsch an, er konnte sich keiner Polska erinnern und die Geige war nicht in Ordnung. Die, welche in der Stimmung seien zu tanzen und zu spielen, möchten es ohne ihn tun. Da wurde die Hausfrau unruhig, da wurden die Kinder verdrießlich, alles im ganzen Hause ging verkehrt. Es wurde ein sehr trüber Heiligabend.

Die Grütze verklumpte, die Lichter zischten, die Holzscheite rauchten, der Wind brachte Schneetreiben und wehte recht bittere Kälte in die Zimmer. Der Knecht, der den kleinen Ruster gefahren hatte, kam nicht wieder. Die Haushälterin weinte, die Mägde zankten sich.

Schließlich fiel es Liljekrona ein, dass keine Garbe für die Sperlinge hingelegt worden sei, und er beklagte sich laut, dass alle Weiber seines Haushaltes alte Bräuche fallen ließen und neumodisch und herzlos seien. Sie aber begriffen recht gut, dass das, was ihn quälte, Gewissensbisse darüber waren, dass er den kleinen Ruster am Heiligabend selbst hatte abreisen lassen.

Plötzlich ging er nach seinem Zimmer, schloss die Tür hinter sich und begann zu spielen, wie er, seit er zu wandern aufgehört, nicht gespielt hatte. Hass und Hohn, Sehnsucht und Sturm lagen darin. „Ihr dachtet, mich zu binden, aber ihr müsst andere Fesseln dazu schmieden. Ihr dachtet, mich kleinlich zu machen, wie ihr es selbst seid. Doch ich ziehe hinaus in das Große, in das Freie, Alltagsmenschen, Haussklaven, fangt mich, wenn es in eurer Macht steht!"

Als die Hausfrau diese Töne hörte, sagte sie: „Morgen ist er fort, wenn Gott nicht heute Nacht ein Wunder tut. Jetzt hat unsre Ungastlichkeit gerade das bewirkt, was wir vermeiden zu können glaubten."

Inzwischen fuhr der kleine Ruster im Schneetreiben umher. Er fuhr von einem Gute zum andern und fragte, ob man dort Beschäftigung für ihn habe, wurde aber nirgends aufgenommen. Er wurde nicht einmal zum Aussteigen aufgefordert. Einige hatten das Haus voll Besuch, andere wollten am ersten Festtage selbst verreisen. „Fahre zum nächsten Nachbar", sagten sie alle.

Er konnte gern kommen, wenn er ihnen nur die Gemütlichkeit einiger Alltage störte, aber nicht

am Heiligabend. Das Jahr hatte nur einen Heiligen Abend, und auf diesen hatten die Kinder sich schon den ganzen Herbst gefreut. Diesen Menschen konnte man doch nicht mit Kindern an einen Weihnachtstisch setzen. Früher hatten sie ihn gern aufgenommen, aber jetzt, seit er so trank, nicht mehr. Was sollte man auch mit dem Gesellen anfangen? Die Knechtstube war nicht gut genug für ihn und der Salon zu fein.

So musste der kleine Ruster in dem peitschenden Schneetreiben von Hof zu Hof fahren. Der nasse Schnurrbart hing ihm schlaff über die Lippen herab, seine Augen waren gerötet und trübe, doch der Branntwein wurde aus seinem Gehirn verweht. Er fing an zu grübeln und zu staunen. War

es möglich, dass keiner ihn aufnehmen wollte? Da sah er plötzlich sich selbst. Er sah, wie erbärmlich und heruntergekommen er war, und er begriff, dass er den Menschen verhasst sein müsste. „Mit mir ist es vorbei", dachte er. „Mit dem Notenschreiben, mit der Flöte ist es vorbei. Niemand auf Erden bedarf meiner, niemand hat Mitleid mit mir."

Das Schneegestöber kreiste und spielte, riss die Wehen auf und schüttete sie wieder zu, nahm eine Schneesäule in den Arm und tanzte mit ihr über das Feld, wirbelte eine Flocke bis zu den Wolken empor und trieb eine andere tief in eine Grube hinein. „So geht es, so geht es", sagte der kleine Ruster, „solange man tanzt und umherwirbelt, ist es Spiel, wenn man aber in die Schneewehe hinunter soll, um dort eingebettet und vergessen zu werden, dann wird es Betrübnis und Kummer." Doch hinunter müssen wir alle, und jetzt war die Reihe an ihm. Ja, jetzt war er am Ende. –

Er fragte nicht mehr, wohin der Knecht ihn bringe. Es war ihm, als fahre er in das Land des Todes hinein.

Der kleine Ruster verbrannte während dieser Fahrt keine Götter. Er verwünschte weder das Flötenspiel noch das Kavalierleben, er dachte nicht, dass es besser für ihn gewesen wäre, wenn er den Acker gepflügt oder Schuhe besohlt hätte. Doch darüber klagte er, dass er jetzt ein ausgespieltes Instrument sei, von dem der Frohsinn keinen Gebrauch mehr machen könne. Er klagte niemand an, denn er wusste, dass ein zersprungenes Waldhorn und eine Gitarre, die sich nicht mehr stimmen lässt, fortgeworfen werden müssen. Er wurde auf einmal ein sehr demütiger Mensch. Er begriff, dass es jetzt, am Heiligabend, mit ihm zu Ende gehen werde. Der Hunger oder die Kälte würde ihn töten, denn er verstand nichts, taugte zu nichts und hatte keine Freunde. Da hält der Schlitten, und auf einmal ist es hell um ihn her, er hört freundliche Stimmen, wird in eine warme Stube geführt, und jemand gibt ihm heißen Tee zu trinken. Der Pelz wird ihm ausgezogen, und mehrere Stimmen heißen ihn willkommen, während warme Hände Leben in seine erstarrten Finger reiben. Er wurde von allem diesen so verwirrt, dass es wohl eine Viertelstunde dauerte, ehe er sich wieder besinnen konnte. Er konnte gar nicht begreifen, dass er sich wieder in Löfdala befand. Es war ihm gar nicht klar geworden, dass der Knecht, des Umherfahrens im Schneegestöber überdrüssig, nach Hause zurückgekehrt war.

Ebenso wenig begriff er, weshalb er jetzt in Liljekronas Hause so freundlich empfangen wurde. Er konnte nicht wissen, dass Liljekronas Gattin verstand, welch schwere Fahrt er an diesem Heiligabend gemacht, um an jeder Tür, an die er geklopft, abgewiesen zu werden. Sie empfand so großes Mitleid mit ihm, dass sie ihre eigene Sorge darüber vergaß. Liljekrona setzte drinnen in seinem Zimmer das wilde Spielen fort. Er wusste nicht, dass Ruster wieder da war. Dieser saß unterdessen mit der Hausfrau und den Kindern im Saale. Das Gesinde, das dort am Heiligabend ebenfalls zu sein pflegte, hatte sich vor der trüben Stimmung, die drinnen bei der Herrschaft herrschte, in die Küche geflüchtet.

Die Hausfrau stellte Rüster sofort an. „Ruster", sagte sie, „Er hört wohl, dass Liljekrona den ganzen Abend nichts weiter tut als spielen. Ich muss das Decken überwachen und nach dem Essen sehen. Die Kinder sind ganz allein. Er muss sich um die beiden Kleinsten kümmern."

Kinder waren die Art Menschen, mit der Ruster am wenigsten verkehrt hatte. Er hatte sie weder im Kavalierflügel noch im Soldatenzelte, weder im Kruge noch auf der Landstraße angetroffen. Er war beinahe blöde vor ihnen und wusste nicht, was er sagen sollte, das fein genug für sie wäre. Er zog die Flöte hervor und lehrte sie auf Löchern und Klappen fingern. Es waren ein vierjähriger und ein sechsjähriger Knabe. Sie erhielten eine Lektion auf der Flöte und schienen sich sehr dafür zu interessieren. „Dies ist A", sagte Ruster, „und dies ist C." Und dann blies er die Töne. Da wollten die Kleinen wissen, was das für ein A und ein C sei, das gespielt werden sollte.

Ruster holte nun Notenpapier aus der Tasche und zeichnete ihnen beide Noten auf. „Nein", sagten sie, „das ist nicht richtig." Und sie liefen nach einem Abc-Buche.

Da begann der kleine Ruster ihnen das Alphabet zu verhören. Sie konnten und konnten es nicht. Mit dem Wissen war es kümmerlich bestellt. Ruster geriet in Eifer, nahm die Knaben auf je ein Knie und fing an, sie zu unterrichten. Liljekronas Gat-

tin, die aus und ein ging, hörte ganz erstaunt zu. Es klang wie Spiel, und die Kinder lachten immerfort, aber sie lernten. Ruster setzte den Unterricht eine Weile fort, doch er war nicht recht bei der Sache. Ihn beschäftigten die alten Gedanken vom Schneetreiben draußen. Hier war es schön und gemütlich, aber mit ihm war es ja doch vorbei. Er war verbraucht. Er würde fortgeworfen werden. Und plötzlich verbarg er das Gesicht in den Händen und begann zu weinen.
Liljekronas Gattin trat schnell zu ihm.
„Ruster", sagte sie, „ich kann verstehen, dass Er glaubt, mit Ihm sei es aus. Mit der Musik geht es nicht mehr, und Er ruiniert sich mit dem Branntwein. Doch das Ende ist noch nicht da, Ruster."
„Doch", schluchzte der kleine Flötenspieler.
„Sieh Er, so bei den Kleinen sitzen wie heute Abend, das wäre etwas für Ihn. Wenn Er Kinder im Lesen und Schreiben unterrichtete, würde Er wieder überall willkommen sein. Das sind keine schlechteren Instrumente zum Spielen, Ruster, als Flöte und Geige. Sieh Er sie an, Ruster!" Sie stellte die beiden Kleinen vor ihn hin, und er sah auf, blinzelnd, als habe er in die Sonne geblickt. Seinen kleinen, trüben Augen schien es schwer zu werden, den großen, hellen, unschuldigen der Kinder zu begegnen.
„Sieh Er sie an, Ruster", ermutigte ihn Liljekronas Gattin.
„Ich wage es nicht", antwortete Ruster, dem es ein Fegefeuer war, durch die schönen Kinderaugen in

die Schönheit der unbefleckten Seelen hineinzuschauen.

Da lachte Liljekronas Gattin laut und fröhlich. „So soll Er sich daran gewöhnen, Ruster. Er kann dieses Jahr als Schulmeister in meinem Hause bleiben."

Liljekrona hörte seine Gattin lachen und kam aus seinem Zimmer. „Was gibt's?", fragte er. „Was gibt's?"

„Nichts weiter", erwiderte sie, „als dass Ruster wiedergekommen ist und ich ihn als Schulmeister für unsere kleinen Buben angenommen habe."

Liljekrona war ganz verdutzt. „Getraust du dich", sagte er, „wagst du es? Hat er versprochen, das ... zu lassen?"

„Nein", antwortete die Gattin, „Ruster hat nichts versprochen. Doch er wird sich vor vielem hüten müssen, wenn er täglich den Kleinen in die Augen sehen soll. Wenn es nicht Weihnachten gewesen wäre, hätte ich es wohl nicht gewagt, doch wenn unser Herrgott es gewagt hat, ein kleines Kind, das noch dazu sein eigener Sohn war, unter uns Sünder zu versetzen, so kann auch ich mich wohl getrauen, meine Kleinen versuchen zu lassen, einen Menschen zu retten."

Liljekrona brachte kein Wort hervor, aber es zuckte in jeder Runzel seines Gesichtes, wie immer, wenn er etwas Großartiges hörte.

Dann küsste er seine Frau so unterwürfig wie ein um Verzeihung bittendes Kind die Hand und rief laut: „Alle Kinder sollen herkommen und Mutter die Hand küssen!"

Das taten sie, und nachher wurde ein fröhliches Weihnachtsfest in Liljekronas Heim gefeiert.

3. Ein guter Weg
ins neue Jahr

Der Pfarrer von Svartsjö

Der Silvesterabend war herangekommen, und am Vormittag steckte der Pfarrer den Kopf durch die Küchentüre herein und fragte:
„Was ist denn aus dem kleinen Sausewind geworden? Ich habe sie nicht auf der Schlittenbahn gesehen. Sie wird doch nicht mit euch andern Frauenzimmern vom Morgen bis Abend daheimsitzen sollen?"
Nach der Kleinen fragte er. Gleich am ersten Tage nach ihrer Ankunft auf Lövdala hatte er sie mit sich genommen und ihr in der Geschirrkammer einen Schlitten hervorgesucht, und seither kam er jeden Vormittag und ermahnte sie, doch hinauszugehen und Schlitten zu fahren.
Jetzt nahm er gleich auch die Gelegenheit wahr, die Haushälterin und die Mägde ein wenig zu necken, indem er sagte, sie wollten offenbar am liebsten den ganzen Tag in der Küche schmoren.
Da erhielt er zur Antwort, die Kleine wäre sicherlich wie gewöhnlich mit dem Schlitten draußen, wenn nicht heute ihre Mutter gekommen wäre, um zu sehen, wie es ihr gehe. Marit sei hinüber in den Stall zu den Kühen gegangen, und die Kleine habe sie begleitet.
Darauf zog sich der Pfarrer zurück und machte die Türe hinter sich zu. Er überlegte ein paar Augenblicke, dann schlug er den Weg nach dem Stalle ein.

Die in der Küche versammelten Mägde folgten ihm mit den Augen: Seit seiner Krankheit im Herbst sah er alt und schwach aus; aber so viel war sicher, er musste mit jedem Menschen, der auf den Hof kam, ein bisschen plaudern.

Es dauerte indes eine gute Weile, bis der Pfarrer Marit von Koltorp aufsuchen konnte. Denn zuerst kam der lange Bengt daher und rief ihm zu, es sei ein Mann mit einem kranken Pferd da, der den Herrn Pfarrer fragen wolle, ob er nicht helfen könne.

Und nachdem er sich mit dem kranken Pferd beschäftigt hatte, kamen zwei Bauern, die in Erbstreitigkeiten miteinander lagen, und verlangten, der Herr Pfarrer solle ihnen sagen, wie viel jeder von ihnen von Rechts wegen bekomme, damit sie die Sache nicht vors Gericht bringen müssten.

Es verging dann wenigstens eine Stunde, bis er die beiden endlich so weit gebracht hatte, dass er sie zum Friedensbecher einladen konnte.

Indessen saß die Kleine drüben im Stalle in einem dunklen Winkel und schwatzte mit ihrer Mutter. Jedes hatte sich auf einen Melkschemel gesetzt, und Bubi saß auf dem Schoß seiner Schwester. Er war glückselig über das Wiedersehen und wollte sie keinen Augenblick loslassen.

Mutter und Bubi waren bis heute bei dem Oheim auf dem Nyhof gewesen. Jetzt gingen sie wieder heim, hatten aber den längeren Weg über Lövdala genommen, um zu sehen, wie es der Kleinen ginge.

Die Kleine war gewiss noch nie so froh gewesen, als da sie ihre Mutter in die Küche hereinkommen sah. Sie kam gerade recht, um ihr in ihrem großen Kummer beizustehen.

Als sie im Stall angekommen waren, hatte die Mutter ihr zuerst erklären müssen, wie es sich denn mit dem neuen Märchen vom Schneewittchen verhalte, das die Kleine in zwei Nächten hintereinander mitangehört hatte, und sie fragte, ob es denn möglich sei, dass die Pfarrerstochter von sich selbst gesprochen habe.

Nachdem sie dann alles, so gut sie konnte, erzählt hatte, schwieg die Mutter zuerst eine gute Weile, schließlich sagte sie: „Sie trauen dir wohl nicht so viel Verstand zu, dass du verstehen würdest, was sie sagten. Wenn du es nun aber doch begriffen hast, musst du deinen Verstand auch dadurch beweisen, dass du darüber schweigst."

Aber dies war nicht alles, was die Kleine auf dem Herzen hatte.

Gestern Vormittag war die Pfarrfrau zu ihr hergekommen. Sie hatte gar sanft und freundlich ausgesehen und sie gefragt, wie es ihr hier gefalle und ob sie kein Heimweh habe.

Jawohl, es gefalle ihr hier, und es gehe ihr gut, und die Hühner habe sie besonders gern.

„Ach so", hatte die Pfarrfrau erwidert und ein wenig gelacht; „und ist sonst niemand auf dem Hofe, den du gern hast?"

„Doch", hatte sie gesagt, „Mamsell Maja Lisa auch."

Da hatte die Pfarrfrau wieder ein wenig gelacht

und gefragt, warum sie denn gerade Mamsell Maja Lisa so gern habe.

Weil sie ihr so viel Schönes erzähle.

„Ei sieh", hatte die Pfarrfrau gesagt, „und kannst du begreifen, woher sie das alles weiß, was sie dir erzählt?"

„Es wird wohl in den Büchern stehen, die sie bei Nacht liest", hatte die Kleine geantwortet.

„Ach so, sitzt sie bei Nacht auf und liest?", hatte die Pfarrfrau entgegnet. „Dann zündet sie sich wohl einen Kienspan an?"

„Nein, nein, sie liest bei einer Kerze, das weiß ich", lautete die Antwort der Kleinen.

Als es nun Nacht wurde und die Pfarrerstochter und die Kleine wie gewöhnlich schlafen gegangen waren, war die Pfarrfrau, sobald sie in ihren Betten lagen, wie gewöhnlich hereingekommen und hatte das Licht mitsamt dem Leuchter weggenommen.

Aber als es still im Hause geworden war, stand die Pfarrerstochter wieder auf, holte ein Talglicht herbei, das sie unten in der großen Kastenuhr verborgen hatte, schlich damit in die Küche hinaus, blies eine Kohle auf dem Herd an, um ihr Licht anzuzünden, und begann zu lesen. Die Pfarrerstochter hatte einen Bruder in Uppsala, der ihr öfters Gedichte machte und sie ihr schickte, weil er wusste, dass sie so etwas über alle Maßen liebte. Und diese Gedichte lernte sie bei Nacht auswendig.

Es war wohl etwas sehr Schönes, was sie eben las, denn sie hörte nicht, dass die Saaltüre aufgemacht wurde, und schaute nicht auf, bis die Pfarrfrau vor ihr stand, eine Hand ausstreckte und das Licht aus dem Leuchter nahm.

„Du willst uns wohl alle miteinander an den Bettelstab bringen", grollte die Pfarrfrau, „dass du hier aufbleibst und die ganze Nacht Licht brennst. Woher hast du das Licht?"

„Es sind nicht deine Lichter", antwortete die Pfarrerstochter.

„Ob sie mein sind oder nicht, so werde ich doch achtgeben, dass du nicht hier sitzt und uns alle an den Bettelstab bringst", entgegnete die Stiefmutter, „Ich werde dich lehren, die Kerzen zu verschwenden, ja, das werde ich."

Darauf ging die Pfarrfrau hinaus, kam aber gleich wieder mit einem Stück Leinwand zurück.

„Da du nun doch einmal bei Nacht aussitzen willst, so sollst du wenigstens etwas Nützliches tun", sagte sie. „So, hier der Hohlsaum an diesem Leintuch muss bis morgen früh fertig sein."

Dann ging sie, und Mamsell Maja Lisa musste die ganze Nacht an ihrer Arbeit sitzen.

Wer aber kein Auge zutat, das war die Kleine. Ach, sie war tief unglücklich, weil sie es gewesen war, die verraten hatte, dass die Pfarrerstochter bei Nacht zu lesen pflegte.

Und deshalb war sie so froh, als ihre Mutter kam.

Ach, wenn nun die Pfarrerstochter erführe, was sie getan hatte! Etwas Schrecklicheres konnte sie sich gar nicht denken, und so flehte sie die Mutter an, sie doch mit nach Hause zu nehmen, sie wolle nicht im Pfarrhaus bleiben.

Die Mutter redete ihr zu, so gut sie konnte; aber die Kleine nahm keine Vernunft an und sagte nur immer wieder, es sei ihr einerlei, ob sie auch hungern und frieren müsse, wenn sie nur fortkomme, ehe die Pfarrerstochter böse auf sie geworden sei. Aber die Mutter blieb fest dabei, sie müsse bleiben, wo sie sei. „Und ich sage dir, die Raclitza wird es auch nicht mehr lange so weitertreiben. Ich selbst werde mit dem Pfarrer reden, denn mich kennt er ja aus alter Zeit, und mir wird er wohl glauben."

In diesem Augenblick deutete Bubi nach der Stalltüre. „Dort drüben steht jemand", sagte er.

Mutter und die Kleine drehten sich zugleich um. Ja, dort im tiefen Schatten stand der Pfarrer, nur ein paar Schritte von ihnen entfernt. Er lehnte sich an die Wand und rührte sich nicht.

Beide erschraken über die Maßen, und keines wagte aufzustehen, ihn zu begrüßen. Wann mochte er gekommen sein, und wie viel mochte er gehört haben?

„Marit, bring mir deinen Melkschemel her", sagte er mit schwacher Stimme.

Rasch eilte Marit mit dem niederen Stühlchen zu ihm hin, und er sank schwer darauf nieder.

„Ruf niemand herbei", sagte er. „Es ist nur ein Schwindel. Du weißt, ich habe von jeher daran gelitten."

Marit und die Kleine standen ratlos vor ihm, und Marit verwunderte sich sehr, wie alt er geworden war. Bei dem Weihnachtsessen auf dem Nyhof hatte sie es nicht so gemerkt; aber jetzt fiel es ihr auf, wie mager und zusammengefallen er war.

„Nein, es ist nichts Gefährliches, aber es überfällt mich jetzt recht oft", sagte er. „Es ist aus mit mir, Marit, verstehst du?"

Doch schon nach einem ganz kleinen Weilchen stand er wieder auf.

„Sag drüben nichts davon", gebot er; und dann ging er langsam und gebückt zum Stalle hinaus.

Der Svartsjö

Alle fünf Mägde saßen, mit dem Nähring am Finger, sowie Wachs und Nähgarn neben sich, in der Küche und flickten ihre alten Kleider. Es ging ihnen gewiss wie den Schneidern, die gerne hoch sitzen, wenn sie nähen, denn sie waren alle auf die hohe Tischbank hinaufgekrochen, nur die alte Haushälterin saß auf einem Stuhl.
Die Kleine stand am Fenster und sah hinaus. Vor ihr lag ein weiter Hofplatz mit gebahnten Wegen zwischen hohen Schneewällen. Ringsum standen große Gebäude, und die Kleine versuchte sie nach der Beschreibung, die ihre Mutter davon gemacht hatte, zu erkennen. Das lange niedere Haus, dem Hauptgebäude gerade gegenüber, war wohl das Wirtschaftsgebäude, auf der Ostseite lagen die Ställe und das Waschhaus mit der Braukammer auf der Westseite. Die Häuser standen nicht alle dicht beieinander; aber es lief ein Zaun dazwischen hin, sodass man nicht anders in den Hof hineinkommen konnte als durch enge Gattertüren, die jetzt im Winter offen standen. Östlich von den Ställen konnte die Kleine die Dächer und Giebel von einer ganzen Anzahl von Gebäuden sehen, die um einen noch größeren Hofplatz her standen. Dort waren die Schweine- und Schafställe, das Vorratshaus und das Magazin; die Kornspeicher, Scheunen und Tennen und Holzschuppen sowie

das Gesindehaus für die Knechte und die Geschirrkammer. Mehrere von den Gebäuden standen auf Pfosten, andre hatten Treppen, die sich außen an der Giebelwand hinaufschlängelten und zu niedrigen Bodenräumen führten. Wohin das Mädchen sah, waren Anbaue und Verbindungsgänge, Bodenkammern mit kleinen dunklen Fenstern und langen ringsherum laufenden Altanen. Die meisten dieser Gebäude hatten dicke Stroh- oder Rasendächer, die aber jetzt hoch mit Schnee bedeckt waren. Über dem Ganzen lag ein stiller Friede, als lägen die alten Häuser im Winterschlafe.
Eine der Mägde war erst vor Kurzem eingetreten, und sie war überdies aus einem andern Kirchspiel. Diese hätte nun wohl gerne die ruhige Stunde benützt, um etwas über die Herrschaft zu erfahren. Sie hatte eine Frage um die andere über die Pfarrerstochter und die Pfarrfrau und über den Pfarrer laut werden lassen, aber immer keine Antwort erhalten. Alle andern nähten mit fest geschlossenen Lippen und taten, als wüssten sie gar nichts.
Schließlich musste die neue Magd doch gemerkt haben, dass sie nichts aus ihnen herausbringen konnte, und so begann sie nach anderem zu fragen.
Warum denn das Kirchspiel Svartsjö heiße? Sie könne gar nicht begreifen, wonach es so genannt worden sei. Svartsjö komme doch von einem See her, und sie habe gehört, es gebe außer dem Lövsee noch drei Seen in diesem Sprengel, aber keiner von ihnen heiße Svartsee, so viel wisse sie.

Na, diese Frage wäre nicht gefährlich zu beantworten gewesen, aber zum Unstern hatte keine von den Mägden je gehört, woher das Dorf seinen Namen hatte, und es sah aus, als sollte die neue Magd auch hier nicht mehr erfahren als bei ihren andern Fragen.

Doch nun legte die alte Haushälterin ihre Arbeit nieder und nahm die Brille von der Nase.

„Es ist gar nicht so sonderbar, wenn das Kirchspiel Svartsjö heißt", sagte sie, „denn es hat seinen Namen wirklich von einem See, der in früheren Zeiten hier gewesen, jetzt aber ausgetrocknet ist."

Die neue Magd war gewiss außerordentlich froh, dass sie endlich eine Antwort erhalten hatte. Und so fragte sie rasch, wo in dem Sprengel denn der See gelegen habe.

„Nun, gerade dort in der Talmulde vor Lövdala", antwortete die Haushälterin, und dabei wendete sie sich gegen das nach Süden gehende Fenster und deutete hinaus. Sie meinte auch, das Wasser sei bis zu dem Hügel unterhalb des Waschhauses gegangen. Dort sei wenigstens so feiner Sandboden, wie man ihn sonst nur an Seeufern finde.

Die neue Magd wendete den Kopf nun auch dem Fenster zu. Das Wohnhaus lag auf einem so hohen Hügel, dass die andern Gebäude nicht alle Aussicht verdeckten. Über das Scheunendach weg konnte man ein Tal sehen, das sich meilenweit eben und flach hinzog.

Aber sie wollte nicht glauben, was die Haushälterin gesagt hatte. Dieser ebene Boden sollte ein ausgetrockneter Seegrund sein? Wie sonderbar! Sie habe doch immer gedacht, wo einmal ein See gewesen sei, da müsse es steil und tief hinuntergehen.

Die Haushälterin widersprach ihr nicht. Es war ihr einerlei, was das Waschmädchen glaubte, und sie hatte ja nur gesagt, was sie wusste.

Darauf setzte sich die Haushälterin die Brille wieder auf die Nase und machte sich aufs Neue an ihre Arbeit.

Die neue Magd lächelte verächtlich. Es war doch merkwürdig, dass alte Leute keinen Widerspruch vertragen konnten. Was ihnen gerade zu sagen einfiel, das sollte man ihnen aufs Wort glauben.

Keines von den andern Mädchen sagte ein Wort, um der Haushälterin beizustehen, und es war jetzt ganz still in der Küche. Die Kleine jedoch hatte die größte Lust zu erzählen, was sie von diesem Svartsee wusste; aber sie war nicht sicher, ob es passend wäre, wenn sie sich in das Gespräch mischte.

Da ging die Türe der Küchenkammer auf, und Mamsell Maja Lisa trat in die Küche.

Zuerst sagte sie nichts, sondern betrachtete still die fleißigen Mägde. Dann ging sie zu der Kleinen hin, die die ganze Zeit am Fenster stehen geblieben war.

„Du, Nora", begann sie, indem sie sich zugleich auf den hölzernen Stuhl am Fenster niederließ und die Hand der Kleinen zwischen ihre beiden nahm, „sag einmal, bist du weit herumgekommen und hast du außer dem Lövsee auch noch andere Seen gesehen?"

Die Kleine wurde blutrot, weil die Pfarrerstochter sie anredete, und sie vermochte nur gerade so laut zu sprechen, dass man es in der Küche vernehmen konnte, als sie antwortete: O ja, sie habe schon sehr viele Seen gesehen, mehr als sie überhaupt zählen könne.
„Dann könntest du mir den Gefallen tun und an einen von ihnen denken", sagte die Pfarrerstochter. „Du darfst denken, an welchen du willst, nur muss er lang und schmal sein und zwischen zwei langen bewaldeten Bergrücken liegen."
Die Kleine drückte das Kinn auf die Brust und starrte auf den Boden. Aber bald sah sie wieder auf; jetzt hatte sie sich einen gedacht.
Die Pfarrerstochter warf ihr einen schelmischen Blick zu, aber ihre Stimme klang noch immer ungeheuer ernst.
„Siehst du ihn auch richtig vor dir?", fragte sie. „Siehst du, wie ein kleiner glänzender Bach von Norden herkommt und sich in den See hineinstürzt, und wie sich dieser weit drunten nach Süden verengert, bis schließlich nicht mehr davon übrig bleibt als ein anderer kleiner Fluss."
Ja, ja, die Kleine sah es.
„Nun, wenn du so viel siehst, dann siehst du wohl auch, wie sich die Ufer mit großen Buchten und Einschnitten hinziehen", fuhr die Pfarrerstochter fort. „Da und dort springen schmale, schöne Landzungen vor, wo Hängebirken stehen, die sich über das Wasser neigen. Und draußen im Wasser liegen kleine steinige Holme, die ganz mit Faulkir-

schenbäumen und Ebereschen bewachsen sind, die im Frühjahr immer über und über im herrlichsten Blütenschmuck stehen, dass sie aussehen, wie junge Bräute im Festgewand."

Ja, ja, die Kleine sah alles, was die Pfarrerstochter von ihr verlangte.

Mamsell Maja Lisa warf einen Blick zum Fenster hinaus und über das lange Tal hin. Dann wendete sie sich wieder dem kleinen Mädchen zu und lächelte; aber ihre Stimme hatte einen besonderen Nachdruck, als sie wieder sprach, wie wenn die Kleine auf das, was sie jetzt sagte, ganz besonders aufpassen sollte.

„Wenn du das alles siehst, dann siehst du wohl auch, dass auf der einen Seite ein sandiges Ufer ist, wo sich viele Kinder tummeln, die den ganzen Sommer lang dort baden, und dass an einer andern Stelle eine hohe Felsenwand aufragt, auf der große dunkle Tannen wachsen mit mächtigen dicken Wurzeln, die wie Schlangen umeinandergeschlungen sind. Und wieder an einer andern Stelle siehst du wohl auch ein Sumpfland, wo dichtes Erlengebüsch steht, durch das man kaum hindurchkommen kann, und wieder hinter diesen liegen die schönen ebenen Wiesen, wo das Vieh weidet."

Und die Kleine war nicht ungeschickt, sie sah alles miteinander.

„Wenn du so viel siehst", fuhr die Pfarrerstochter weiter fort, „dann siehst du wohl auch die großen Klippen am Uferrand, wo die Leute sich an den Sonntagen aufstellen und ihre Angeln auswer-

fen, um Barsche zu fangen. Und ebenso wirst du die kleinen Einbäume sehen, die am Ufer angebunden liegen, und die kleinen Fischerhäuschen, die alt und grau und windschief draußen auf den Landspitzen stehen."

„Ja, ja", sagte die Kleine eifrig; sie sah alles und noch mehr dazu.

„Nun, wenn du so viel siehst, dann siehst du wohl auch, dass rings um den See her gleichsam ein ganzer Ring von Bauernhöfen mit Äckern und Wiesen liegt; aber sie liegen nicht so nahe am See wie die Fischerhütten, sondern ein gutes Stück weiter im Land drinnen. Und oberhalb der Bauernhöfe liegen Birkengehölze und abgeschwendetes Land; aber dann setzen Tannenwälder ein, und diese klettern an den Bergen hinauf bis zu den höchsten Gipfeln."

Jawohl, auch das sah die Kleine.

Jetzt wurde die Pfarrerstochter auf einmal nachdenklich; dann aber fuhr sie fort:

„Nun kommt das Schwierigste. Siehst du, wenn nun eines Tages dieser See, an den du gedacht hast, austrocknen würde, dass sich auch nicht ein Tropfen klares Wasser mehr darin fände, wie würde es dann da aussehen, wo der See vorher war? Sag, wie denkst du dir das?"

Darauf aber konnte die Kleine keine Antwort geben; sie sah nur die Pfarrerstochter starr an.

„Ja, ich weiß es selbst auch nicht so genau", sagte diese. „Aber ich denke mir's so: Nachdem ein paar Jahre vergangen waren, wuchs allmählich Gras auf

dem Seegrund, und dann nahmen die Menschen sich seiner an; sie bebauten und verteilten ihn, und er wurde von Zäunen und Wegen durchkreuzt wie anderes Land auch. Im Übrigen aber blieb das meiste so ziemlich wie es war."
Die Kleine starrte gerade vor sich hin; sie sah gewiss ganz abwesend aus.
„Du bist gewiss schon in der guten Stube auf Helgesäter gewesen und hast dort den großen goldenen Spiegel gesehen, der zwischen den Fenstern hängt? Das Glas ist vor einigen Jahren in Stücke gegangen, und da der Hauptmann kein Geld hatte, ein neues Spiegelglas einsetzen zu lassen, hat er den Holzboden mit grünem Tuch überzogen, der goldene Rahmen aber blieb wie vorher. Der einzige Unterschied ist, dass jetzt kein Spiegel mehr darin ist."
Die Kleine warf einen hastigen Blick auf die Pfarrerstochter; sie fing an zu verstehen.
„So war es wohl auch mit dem See, von dem wir gesprochen haben", fuhr die Pfarrerstochter fort. „Alles, was am Strand war, blieb ja da, obgleich der Wasserspiegel, der in der Mitte lag, verschwunden war. Die Hängebirken blieben auf den Landzungen, obgleich nichts mehr da war, worin sie sich hätten spiegeln können; das sandige Ufer blieb liegen, wo es lag, obgleich niemand mehr hinkam, um in den Sommertagen da zu baden; und die Steinblöcke, auf denen die Angler ihre Plätze hatten, sind wohl auch noch da, obgleich niemand mehr darauf steht und Fische herauszieht. Die klei-

nen Ebereschenholme blieben auch, wo sie sind, obgleich umgepflügte Äcker um sie herliegen, und alle Höfe rings um den See herum stehen auch noch auf dem alten Platz, obgleich die Jugend, die darin wohnt, an den schönen Sommerabenden nicht mehr aufs Wasser hinausrudern kann."

Ja, auch darin konnte ihr die Kleine folgen.

Aber jetzt wendete sich die Pfarrerstochter rasch dem Fenster zu.

„Sieh nun hinaus, Nora, und ihr andern auch", sagte sie, indem sie auf das Tal hinaus deutete. „Was meint ihr wohl, dass das sei, was ihr da unten sehet?"

Und siehe! Als die Kleine jetzt hinausschaute, sah sie mit einem Blick alles, was die Pfarrerstochter beschrieben hatte. Da lag der ebene Seegrund und rings um ihn herum der alte Uferrand, der sich in langen Buchten und Einschnitten hinein- und herauszog. Da waren die Landzungen mit ihren Birken sowie die kleinen Gehölze, die in früheren Jahren Holme gewesen waren, mitten zwischen den Äckern, und da ragte auf der einen Seite der steile Berg mit dem Tannenwalde auf und auf der andern die dichten Erlengebüsche. Auf halber Höhe des Berges sah die Kleine den ganzen Kreis der Bauernhäuser und den bewaldeten Bergrücken und die abgeschwendeten Plätze – kurz alles war da, nichts fehlte.

Die Mägde standen hinter der Kleinen und schauten auch hinaus, und auch sie sahen alles genau ebenso.

Wie sonderbar, dass sie vorher gar nicht acht darauf gegeben hatten!

Es war doch wohl wahr, dass der Svartsee da gelegen hatte. Das war der alte Seegrund, es war ganz deutlich.

„Jawohl, das ist in der Tat der alte Seegrund", schloss die Pfarrerstochter. „Dies ist der Spiegel, der einstens hier unterhalb Lövdala lag und der sein Glas verloren hat. Viele, viele denken, es sei sehr schade, dass das Glas nicht mehr da ist und dass der Spiegel kein Spiegel mehr ist."

Aber jetzt brannte die Kleine vor Begierde, erzählen zu dürfen, was sie von dem See wusste; sie konnte es nicht länger zurückhalten.

„Mutter sprach auch oft von dem See, der hier unterhalb Lövdala gelegen haben soll", sagte sie.

„Ach so", sagte die Pfarrerstochter. „Ja, du hast wohl von deiner Mutter viel von Lövdala gehört."

„Mutter sagte", fuhr die Kleine fort, und sie sprach sehr schnell, „drei Dinge habe der See damals, als er eintrocknete, zurückgelassen. Das eine sei der kalte Zugwind, der da immer im Tal spiele, das zweite sei der kalte Nebel, der im Herbst aufsteige, und das dritte sei ..."

Aber was das dritte war, durfte die Kleine nicht sagen, denn die Pfarrerstochter unterbrach sie rasch.

„Ach, wenn es weiter nichts ist", sagte sie, „das wissen wir schon vorher."

Selma Lagerlöf,
1858–1940, weltbekannte schwedische Autorin, veröffentlichte u. a. den berühmten Roman „Die wunderbare Reise des kleinen Nils Holgersson mit den Wildgänsen" (1906), erhielt 1909 als erste Frau den Literaturnobelpreis.

Carl Larsson,
1853–1919, schwedischer Maler, Grafiker und Illustrator, zahlreiche Zeichnungen, Aquarelle und Gemälde im schwedischen Jugendstil, bekannt für seine heiteren und farbenfrohen Haus- und Gartenszenen sowie Motive des idyllischen Familienlebens.

Bildnachweis:

S. 2: Porträt von Selma Lagerlöf, 1902
S. 6/7: Vorderhof und das Waschhaus, 1897
S. 8: Ein Heim, undatiert
S. 14: Elof Persson, 1916
S. 20: Daniel Mats, 1917
S. 32: Der Freilichtmaler. Wintermotiv aus Åsögatan 145, 1886
S. 44: Die Tonleiter, undatiert
S. 46/47: Das Weihnachtsbankett, 1894
S. 48: Der Tag vor Weihnachten, 1892
S. 57: Porträt von Anne Marie Warburg, 1893
S. 64/65: Nun ist es wieder Weihnachten, 1907
S. 72/73: Schnee, 1909
S. 74: Brita als Idun, 1900
S. 83, 89: Das Winterhaus, 1890
S. 92: Tischler Hellbergs Kinder, 1906

Alle Bilder außer S. 14, 46/47 und 92: © akg-images